SWB Sachbuch

Peter Kensok

Best of
www.buecher-blog.net

Buchempfehlungen der Redaktion Globalscout

Band 7

SWB Verlag

Bibliografische Information der Deutschen Nationalbibliothek
Die Deutsche Nationalbibliothek verzeichnet diese Publikation in der Deutschen Nationalbibliografie; detaillierte bibliografische Daten sind im Internet über http://dnb.d-nb.de abrufbar.

1. Auflage 2015

ISBN 978-3-945769-08-9

Gaisburgstraße 4 B, 70182 Stuttgart
Printed in Germany

Idee und Konzept: Peter Kensok, Stuttgart
Herstellung: Julia Karl, Oberrot / www.juka-satzschmie.de

Druck und Bindung: E. Kurz + Co., Druck und Medientechnik GmbH, Stuttgart, www.e-kurz.de
Dieses Buch wurde auf chlor- und säurefreiem Papier gedruckt.

www.swb-verlag.de

Inhalt

E-Mail: redaktion@buecher-blog.net
Internet: www.buecher-blog.net und www.globalscout.de

Vorwort

Willkommen zu »Best of www.buecher-blog.net – Band 7«! Er beginnt im Ratgeber-Teil mit dem ermutigenden Titel von Cordula Nussbaum: »Geht ja doch!« Der siebte Band endet hoffentlich ebenso positiv im Bonusmaterial und einem Interview von Tina Kraus zum Thema »Prüfungsangst« für das Hochschulradio Stuttgart.

Auf den vielen Seiten dazwischen gibt es wieder 50 Artikel zu Büchern, die wir gerne weiterempfehlen. Zugegeben, es ist auch ein eigenes dabei, das über einen Artikel in der Rubrik Humor berücksichtigt wird. Dabei geht es um Schlagfertigkeit und zehn Methoden, die jeder anwenden kann.

Nur mit dem Reisen halten wir uns dieses Mal zurück. Wir haben das Programm nach der Germanwings-Katastrophe in den französischen Alpen geändert. Statt Reisebüchern lesen Sie einen Bericht über einen jungen Mann und Flugangst. Flugangst hat selten mit dem Fliegen an sich zu tun. Das ist auch in unserem »Fall« die Überraschung.

Es gibt wieder viele spannende Romane und Thriller, auf die wir verweisen. Im Kapitel Sport und Gesundheit stellen wir Bücher zu einer kohlehydratarmen bis hin zur ketogenen Ernährung vor. Wir können unseren Körper dazu erziehen, seine Energie ausschließlich aus Fetten zu gewinnen!

Im Kapitel Gemischtes kommen unter anderem Franz Kotteder mit »Der große Ausverkauf« zum Freihandelsabkommen TTIP und Karl Heinz Däke zu Wort. Däke hat sein ganzes Berufsleben den »Milliardenverschwendern« im öffentlichen Leben auf die Finger geschaut. Dass es Künstler gibt, die im Gegensatz dazu Milliarden Menschen Freude gemacht haben, dafür stehen die Autobiografien von James Brown, Mick Fleetwood und Billy Idol. Der Navy SEAL Mark Owen ist mit seinem biografischen Buch anschließend wie das Eisbad nach der Sauna.

Ich wünsche Ihnen viel Spaß beim Lesen!

Peter Kensok

Ratgeber

Wir sind bei den Ratgebern dieses Mal weit weg unterwegs: auf Hawaii und bei den Shaolin in China. Wir lernen, uns auf das Wesentliche zu konzentrieren und trotzdem das Unmögliche zu wagen. Für beides zusammen reichen Cordula Nussbaum fünf Leitfragen in »Geht ja doch!«.
Shi Xing Mi ist einer von mehreren Schülern des Shaolin, die östliche Kampfsport- und Weisheitslehren in Europa vermitteln, sei es für den Beruf oder ganz privat. Wir müssen uns danach nicht mehr bis zum letzten Tropfen verausgaben, sollten uns aber auf das Richtige besinnen.
Das Richtige könnte auch das Wesentliche sein. Regina Tödter hält es dabei mit Buddha. Sie hat sich entschieden, nicht mehr als 300 Dinge zu besitzen. Das muss nicht jedem liegen und könnte sogar ein Irrtum sein. Dass wir bei unseren Entscheidungen Denkfallen vermeiden können, erklärt uns anschließend York Hagmayer. Dazu wiederum passen die Anmerkungen zum Thema Glück von Christian und Hans-Hermann Firus und dass wir trotz unseres Bemühens den täglichen Bedrohungen nur schwer ausweichen können.
Vielleicht brauchen wir dazu ganz neue Kommunikationsstile oder kreative Zugänge wie Tom Peters und Wolfgang Traub sie uns vermitteln möchten. Und am Ende die Einsicht, dass all das auch nichts sein könnte. Thomas Vašek hatte zu dem Thema schon vor einigen Jahren etwas zu sagen. Da die Seele jedoch eine unsterbliche Idee ist, hat sein Buch etwas von Dauer.

Cordula Nussbaum
»Geht ja doch!«

Vier Monate mit der gesamten Familie nach Hawaii! – Für Cordula Nussbaum ist das die Nagelprobe, ob mit Mann (angestellt als Bauingenieur), und schulpflichtigen Kindern (Sohn und Tochter) noch etwas jenseits der üblichen Routinen möglich ist. – »Geht ja doch!«, sagt sie danach.

Wie Sie mit 5 Fragen Ihr Leben verändern
Hawaii liegt irgendwo am Ende der Welt jenseits der Zonen voller Schrecken und religiösem Wahn. Trotzdem können sich Ehepaare mit Kindern eine Auszeit vom sicheren Angestelltenverhältnis und ohne ihr gewohntes Zuhause dort kaum vorstellen. Männer übrigens noch weniger als Frauen, die mindestens wegen der Mutterschaft vom Beruf pausiert haben und wissen, dass genau das möglich ist.
Cordula Nussbaum beschäftigt sich seit ihrem 18. Lebensjahr mit Themen des Selbstmanagements. Damit steht sie in der biografischen Tradition von Motivationstrainern wie dem Amerikaner Anthony Robbins, der mit dem gleichen Ansatz Jahrzehnte vor Cordula Nussbaum eine unglaubliche Karriere begann. Er fasst in seinen Seminaren meisterhaft Elemente des Neurolinguistischen Programmierens zusammen, die er auf seine Weise für die Praxis weiterentwickelte. Robbins wichtigste Nachricht ist, dass sich das Ungewöhnliche modellieren und beispielsweise Erfolg weitestgehend wiederholen lässt, wenn wir nur das vorgegebene Rezept nachmachen – wie beim Kuchenbacken.
Anthony Robbins schiebt seine eigenen Grenzen und die seiner Seminarteilnehmer und Zuhörer immer wieder ein bisschen weiter weg. Er gibt ab und zu Seminare auf Hawaii und auf Fidji und plädiert noch immerhin dafür, dass wir von Modellen lernen können. Ein Modell für »Geht ja doch!« wäre Cordula Nussbaum.
Die Autorin ist eine laut Focus-TV eine gefragte Organisationsexpertin

und will »mit verstaubten Ansichten von Selbstmanagement« aufräumen. So ganz lässt sich das Rad jedoch auch von ihr nicht neu erfinden. So wiederholt Cordula Nussbaum am Anfang ihres Buchs die üblichen Positionen. Meine Zusammenfassung: Wer sich im Hafen geborgen fühlt, den Wind vor der Küste fürchtet und ohnehin kein Ziel hat, dem werden bestenfalls seine Träume von der weiten Welt bleiben.

Die Komfortzone mag zwar ganz nett sein, aber ob wir uns darin geborgen oder gefangen fühlen, steht auf einem anderen Blatt. Weitere Erklärungen für die Erstarrung sind das geduldige Leiden am »Unveränderlichen«, Selbstvorwürfe oder Vorwürfe gegen andere, die verhindern, dass wir uns weiterentwickeln.

Vier Monate Hawaii sind für Cordula Nussbaum ein Beispiel für den Sprung über den eigenen Schatten, den jeder irgendwo hat. Ich finde es sympathisch, das Bestehende und Erreichte wertzuschätzen, denn erst von dort aus sind stabile Veränderungen und Wachstum möglich. Andererseits gehört es – durchaus begründet – zum neuen Standard von Vortragsrednern, dass sie ihren Zuhörern und Lesern den Spiegel vorhalten: »Sie sterben mit 37, bevor sie mit 87 begraben werden. Sie haben aufgehört, die Chancen zu nutzen, die das Leben bietet. Sie haben aufgehört, die Nase neugierig in den Wind zu halten.«

Damit Träume wahr werden, empfiehlt Cordula Nussbaum, bessere Fragen zu stellen. Das ist im Prinzip ein alter Hut. Aber er wird dadurch nicht schlechter, dass »Geht ja doch!« uns an diese Empfehlung erinnert. Fünf Fragen sollen uns ganz besonders darin unterstützen, das scheinbar Unmögliche zu wagen.

Zunächst erklärt uns Cordula Nussbaum also, warum wir nicht tun, was wir eigentlich wollen. Sie appelliert anschließend an unsere Neugier: Warum wir es uns selbst wert sein sollten, das Neue zu wagen. Wenn diese beiden »Warum«-Fragen beantwortet sind, geht es um das »Was«. Was genau also möchten wir erreichen? Sind unsere Ziele realistisch? Und wie können wir sie im Rahmen unserer Möglichkeiten erreichen?

Das vierte Kapitel kümmert sich darum, »wie« wir ins Tun kommen, statt uns lediglich beim Wollen aufzuhalten. Und dann geht es endlich los: Koffer packen und ab nach Hawaii!

Cordula Nussbaum ermutigt uns mit ihrem eigenen Beispiel, das Neue und Andere zu wagen und damit der eigenen Beharrlichkeit oder Rigidität Paroli zu bieten. Ich finde es sehr gut, dass sie bis zum Schluss durchhält und dann auch durch das Tun Fakten schafft, um vermutlich nicht zum ersten Mal voller Überzeugung sagen zu können: »Geht ja doch!«
Trainer, Coachs und Therapeuten erfahren häufig, dass eine Maßnahmen mit einem unterhaltsamen Seminar voller einsichtiger Teilnehmer beginnt – und genau dort auch endet. Die Auftraggeber klagen darüber, sie hätten sich nett unterhalten gefühlt, trotzdem wäre alles beim alten geblieben. Wir sind also bereit für die Fragen nach unseren Bedürfnissen, Wünschen und Visionen, definieren nach Klassikern wie dem SMART-Modell unsere Ziele und überlegen uns Meilensteine. Und doch gelingt es uns nicht, den Karren auf die Straße zu stellen und anzuschieben.
Oft mag das daran liegen, dass unser Ziel eben doch nicht so »ökologisch« ist, wie wir dachten. Statt es nachzubessern, verzichten wir dann lieber ganz darauf. Das Bestehende macht uns zwar nicht glücklich, aber »wir kommen schon irgendwie zurecht. Hat ja bisher auch geklappt«. Leider entstehen so keine bleibenden Tatsachen.
Erst wenn wir endlich loslegen und jeden Tag ein bisschen für unsere Träume und Visionen tun, kommen sie in die Welt. Da hat Cordula Nussbaum Recht. Und dann dürfen wir auch wie Cordula Nussbaum nach der Umsetzung immer öfter sagen: »Geht ja doch!« – KEN.

Cordula Nussbaum

»Geht ja doch!«

Gebundene Ausgabe: 336 Seiten; GABAL-Verlag, Offenbach;
ISBN: 978-3-869366-26-5

Claudia Maurer und Shi Xing Mi
»Gib nicht alles, gib das Richtige«

Unter den Managementtipps gab es im Lauf der Jahre einige Strategien aus dem Tierreich: Delfine, Mäuse und Bären taugten zum Beispiel bereits fürs Überleben im Unternehmen. Claudia Maurer greift mit der Shaolin-Strategie die halbe Fauna ab und hat mit dem gebürtigen Italiener Shi Xing Mi auch gleich jemanden im Team, der die Philosophie des Shaolin in- und auswendig verkörpert.

Die Shaolin-Strategie für Manager

Als ich Shi Xing Mi bei einem Vortrag erleben durfte, hat er mich in (fast) jeder Hinsicht beeindruckt. Mit untergeschlagenen Beinen saß er wie einst Buddha unter dem Banyan-Baum auf einem Tisch und berichtete über das Thema Werte aus der Sicht der Shaolin. Irgendwann stand er geschmeidig auf und präsentierte einen Schattenkampf.

Spätestens dann war allen Zuschauern klar: Shi Xing Mi hat zumindest körperlich drauf, wovon er spricht. Beim Spaziergang durch Stuttgart nach Mitternacht hätte ich ihn lieber als Freund an der Seite statt als Freund der anderen, die gerade ihr Taschengeld durch einen Überfall aufbessern möchten. Tiger, Adler, Schlange, Leopard, Affe, Kranich, Gottesanbeterin, Drache – es gibt nichts Effektives über der Erde, das die Shaolin nicht menschenmöglich modelliert hätten, um in der Selbstverteidigung und Gestaltung des Alltags davon zu lernen.

Ich glaube kaum, dass Walter Gjergja, alias Shi Xing Mi, seinerzeit die Absicht hatte, die Kampfkunst der Shaolin als Philosophie des Managements in Hochleistungsteams einzuführen. Genau so wenig glaube ich, dass die meisten Knicken-Lochen-Abheften-Manager die Schule der Shaolin auch nur ansatzweise verkörpern. So bleibt ein kleiner Realitätsbruch in der Shaolin-Strategie für Manager. »Gib nicht alles – gib das Richtige« scheint jedoch ein Hinweis darauf zu sein, dass der Manager von heute von den Shaolin lernen könnte.

So strengt sich der Shaolin-Schüler nicht um der Leistung willen an, sondern darum, die eigenen Stärken zum Ausdruck zu bringen und sie täglich zu perfektionieren. Dafür braucht es Disziplin, und die fällt immer dann leicht, wenn sie der Leidenschaft entspringt. Disziplin bedeutet, sich achtsam einer Aufgabe nach der anderen hinzugeben und das Denken zu fokussieren, damit sich ein Raum zur Entfaltung der eigenen Möglichkeiten auftut.

So entwickeln sich Tugenden, die bereits erwartet werden können (Mitgefühl, Selbstbeherrschung, Bescheidenheit und Leidenschaft) und solche, die immer wieder neu bestätigt werden müssen (Respekt, Demut, Rechtschaffenheit, Vertrauen, Dankbarkeit, Willenskraft, Geduld und Mut).

Aus wahrer Hingabe kann dann so etwas wie Teamgeist entstehen, vielleicht sogar so etwas wie, dass der Weg das Ziel, die körperliche An- und Entspannung ein Teil des Erfolgs ist und das Loslassen die Befreiung vom inneren und äußeren Druck und der höhere Wert im Gegensatz zum leichteren Festhalten an was auch immer.

Eine der wichtigen Abschlüsse zum Tag ist nach Shi Xing Mi die Frage, was wir heute getan haben, um besser zu werden. Dafür braucht man kein Team managen, sondern kann direkt bei sich anfangen. Soviel nehme ich gerne mit: Wer der Shaolin-Strategie folgt, fordert niemals mehr vom anderen als von sich selbst. Er ist bescheiden und dabei immer neugierig auf die Erweiterung seiner eigenen körperlichen und mentalen Grenzen sowie die der anderen. Er kommt im Zweifelsfall gut allein mit sich selbst zurecht, weil er jeden weltlichen Ehrgeiz als flüchtig begreift.

Andererseits kommt ein Manager nicht ohne etwas aus, das er managen kann. Ohne Objekt gibt es ihn als Subjekt nicht. Hier lenken Claudia Maurer und Shi Xing Mi den exotischen Shaolin-Faktor aus dem traditionellen Tempel heraus auf die Management-Szene um. »Shaolin statt Beta-Blocker« heißt es auf dem Einband. Es geht um Meisterschaft in der Körperlichkeit wie im Verhalten und in der Einstellung zum Leben insgesamt.

»Der Weg zu wahrer Meisterschaft führt zu weiteren positiven Shaolin-Effekten: Weisheit und Bescheidenheit«, sagen Maurer/Shi Xing Mi. »Wenn Sie Ihre eigene Kraft kennen, müssen Sie sie nicht mehr demonstrieren. Denn Sie wissen dann, wer Sie sind und was Sie können.« Wer das beherzigt, braucht sich nicht mehr für alles anstrengen, sondern konzentriert sich auf das Richtige. Er verkörpert diese Haltung auch dann, wenn er nicht mehr in der Lage ist, sich Metallplatten auf dem Brustkorb zertrümmern zu lassen, selbst wenn er das jemals gekonnt hätte.

Claudia Maurer überträgt die Philosophie der Shaolin auf das Management. Shi Xing Mi ist die Verkörperung dazu – mit einer glaubwürdigen Biographie und langen Jahren hartem und aufopferungswilligem Training. Mit 13 begann er sein Studium des Shaolin-Kung-Fus. Später studierte er ziemlich unexotisch Betriebswirtschaft. Heute präsentiert er sich »als einer der wenigen geweihten europäischen Shaolin«. Das klingt aufregend genug, um ihm neugierig zuzuhören. Der Blick von draußen auf unseren Tellerrand kann ja durchaus den Bestand relativieren und zum Besseren führen. Auch dafür steht die Shaolin-Strategie. Nicht nur für Manager. – KEN.

Claudia Maurer und Shi Xing Mi
»Gib nicht alles, gib das Richtige«
Gebundene Ausgabe: 192 Seiten; Ariston Verlag, München;
ISBN: 978-3-424201-07-9

Regina Tödter
»Buddha räumt auf«

Weniger macht glücklicher. – So lässt sich Regina Tödters »Buddha räumt auf« zusammenfassen. Die Theologin, Religionswissenschaftlerin und Gesundheitsforscherin fühlt sich wohl mit kaum mehr als rund 300 Dingen um sich herum. Ich vermute, ihr Mann, mit dem sie im Zentrum Nürnbergs lebt, gehört dazu. Der sollte im Übrigen auch 300 Dinge haben dürfen ...

Loslassen und rundherum entrümpeln

Regina Tödter ist nicht die Erste, die uns daran erinnert, ab und zu zu entrümpeln: »Simplify Your Life« hat mir zuvor schon ganz gut gefallen. Und Jürgen Kurz hat mich als mein bisheriger Aufräumpapst schon vor Jahren durch »Für immer aufgeräumt« mit großartigen Tipps zu noch mehr wesentlicher Struktur und Ordnung im Büro inspiriert. Die Welt ist voller Hinweise, die den Messie entlasten könnten, so er denn sein Aufräum-Buch in all seinem Chaos wiederfindet.

Jetzt also räumt auch Buddha auf. Regina Tödter meint damit nicht nur, sich von den persönlichen Schätzen zu verabschieden, die wir im Kleiderschrank für den Fall der Fälle horten. Oder Dinge, die im Regal verstauben, weil wir seit Jahren hoffen, dass ihre große Stunde schon noch kommen wird.

Diese Stunde kommt aber nicht. Jetzt nicht und auch nicht, wenn unsere Kinder einmal groß sein sollten. Irgendwann steht ein verzweifelter Enkel davor, all unsere Erinnerungstücke genauso einzuäschern wie zuvor den Opa. Bestenfalls kann er den Wert des Gehorteten noch danach beurteilen, ob es auf irgendwelchen »Vintage-Aktionen«, also auf Flohmärkten, die Standkosten hereinbringt.

Regina Tödter lädt uns dazu ein, gut zu überlegen, ob sich das Sammeln und Horten wirklich lohnt. Sie empfiehlt das Minimale als alternatives Modell. Es schafft Platz im Keller, auf dem Dachboden, in unserem Terminkalender bis hin zum Koffer für die Reise. Der wird ab jetzt auch auf dem Rückweg kein Übergewicht mehr haben, weil wir uns im Zweifels-

fall gegen das Souvenir entscheiden werden. Wir wären ohnehin die Einzigen, die damit etwas anfangen können.
Regina Tödter begleitet uns mit zahlreichen Tipps auf 150 sparsamen Seiten bei einem Spaziergang entlang unserer Grenzen von Haben und Sein. Hätte ich nicht ohnehin gerade eine heilsame Entrümpelungsphase, würde ich mir weiterhin einen Ort in meiner Nähe wünschen, in dem all die Dinge Platz haben, die nur mich angehen. Ich werfe stattdessen jeden Tag eine Kiste Zeug weg und schäme mich fast dafür, dass ich mich bisher offenbar einer Form des Recyclings verweigert habe, von der ich ansonsten überzeugt bin.
Ich komme trotzdem mit 300 Dingen nicht hin. Schon das Finanzamt erwartet, dass ich einiges mehr aufhebe. Aber es geht mir gut damit, mich zumindest von den »Doubletten« zu verabschieden, von den Sicherheitskopien, die oft bereits mehr sind als das rechtlich Notwendige. Ich werde mit jedem »Wegwurf« freier, irgendwie auch wieder unabhängiger. Und irgendwie auch offener für die freien Flächen, die durch das Aufräumen entstehen.
Schwer beschäftigt, wie ich laut meinem Kalender bin, weiß das Universum jederzeit, dass ich gerade wieder eine zauberhafte Lücke eingerichtet habe, die eigentlich meiner Entspannung und zumindest meiner außerberuflichen Lebensqualität dienen sollte. Gern drückt das Universum hier etwas hinein, das ich nach all dem abgelegten Früheren jetzt mit der wiedergewonnen Leichtigkeit erst recht bedienen können soll. Wo ich doch gerade mehr frei habe.
Buddhas achtfacher Pfad und seine Ausführungen über das Leiden als Spiegel und Folge menschlicher Begierden wollen gut erwogen sein.
Die Printversion meines »Brockhaus« füllt mit allen Bänden ein durchgebogenes Regalbrett. Die Enzyklopädie hat saubere Abdrücke dort, wo ich in den letzten Monaten geblättert habe: »B«, »K« und »T«, wenn ich Wikipedia nicht glauben wollte. Die Oberflächlichkeit des »Netzes« nehme ich lediglich aus zeitökologischen Gründen in Kauf. Die »fest geschriebene« Qualität des Brockhaus-Wissens ist noch immer etwas, worauf ich in diesem Leben baue. Dort gibt es auch einiges unter »B« wie »Buddha«. Ich finde beides gesund: den Spaß an den Dingen, die mich zu dem ge-

macht haben, der ich bin. Und ich finde auch die Vision eines leeren Regals für Dinge gut, die mich zu dem machen, der ich in der Zukunft sein werde. Das Bewusstsein für die eigene Endlichkeit und die Möglichkeit des Weniger, das mehr sein könnte, hat da durchaus Platz und ist eine dauernde Herausforderung. Der achtfache Pfad ist ja schließlich auch kein Ziel, sondern ein Weg.

Auch ich reise gerne mit wenig Gepäck und habe auf geschäftlichen Reisen trotzdem zur Sicherheit einen Anzug dabei, den ich sonst niemals trage. Aber nicht nur mein eigenes Leben verdient Aufmerksamkeit, sondern genauso die Verpflichtung gegenüber meinen Partnern. Wieder daheim, komme ich inzwischen ganz gut damit zurecht, Bücher großzügig zurück »in den Teich zu werfen«, sie also weiterzugeben, damit auch andere Menschen Freude daran haben.

Selbst »Buddha räumt auf« wandert inzwischen weiter. Seine Botschaft – und die von Regina Tödter – waren mir bereits vertraut. Jetzt möchte ich, dass auch andere sich damit beschäftigen und Platz schaffen für Wichtigeres in ihrem Leben. – KEN.

Regina Tödter
»Buddha räumt auf«
Broschiert: 144 Seiten; Südwest Verlag, München;
ISBN: 978-3-517093-56-7

York Hagmayer
»Denkfallen«

Bei Entscheidungsprozessen achten die einen auf den Bauch, also ihr Gefühl. Die anderen bilden sich zumindest ein, vor allem über den Verstand zu entscheiden. Den jeweils anderen Stil zu unterschätzen, kann bereits eine Denkfalle sein. Die Mitte zu finden, die beides respektiert, das ist das Ziel von York Hagmayer und seinem Buch »Denkfallen«.

Klug Irren will gelernt sein

York Hagmayer geht freundlich damit um, dass Menschen sich mit ihren Entscheidungen schwertun und dadurch verunsichert sind. Das ist ein gutes Motiv für diesen 200 Seiten starken Ratgeber. »Klug irren will gelernt sein«, sagt der Autor und macht es uns leicht, davon Abstand zu nehmen, dass rein rationale Entscheidungen grundsätzlich die besseren Ergebnisse liefern. Wer beispielsweise Pro- und Contra-Listen führt, muss auch hinnehmen, dass die ziemlich aufwendig und für viele Alltagsentscheidungen damit ungeeignet sind. Für das Abendbrot einzukaufen geht damit schon einmal gar nicht. Wir könnten gleich zum Frühstück übergehen oder direkt im Supermarkt verhungern.

Somit ist das rationale Entscheiden eine dauernde Herausforderung. Wir lernen in »Denkfallen«, dass eher emotionale Entscheidungen zumindest gleichberechtigt sind. Viele Menschen versuchen über eine genaue Zielplanung ihre rationalen Entscheidungen zu erleichtern. Auch das ist nach York Hagmayer bedenklich, weil manche Ziele unvernünftig angelegt sind und andere Entscheidungen erfordern, die sich nicht schnell genug durchdenken lassen. Zudem gibt es Fallen, die die Grenzen unseres Verstandes aufzeigen:

- Würden Sie Fleisch kaufen, das zu 75 Prozent fettfrei ist? Und was ist mit Fleisch mit einem Fettanteil von 25 Prozent?
- Würden Sie einen Freund einen chirurgischen Eingriff empfehlen, den 90 Prozent der Patienten überleben? Oder lieber eine alternative Behandlung, bei der 10 Prozent der Behandelten leider sterben?

Nach York Hagmayer sollten wir bei scheinbar rationalen Entscheidungen immer auch mit einem emotionalen Faktor rechnen, der die vernünftige Entscheidung komplett infrage stellt. Sein Fazit: Auch die eigene Zielsetzung kann eine Falle sein!
Manche Menschen treffen Entscheidungen, indem sie mögliche Risiken einbeziehen und beispielsweise bei gesundheitlichen Themen die statistische Wahrscheinlichkeit, selbst zu erkranken, als Grundlage für ihre Entscheidung nehmen. So kann es durchaus sein, dass wir uns vor einer Urlaubsreise gut gegen Malaria schützen und entsprechende Medikamente zu uns nehmen. Aber wir unterschätzen die langfristigen Folgen der Nebenwirkungen. Der Preis ist hoch, zumal nicht jede Mücke Malaria verbreitet, und die Überträger gerade ohnehin nicht in dem Gebiet aktiv sind, in dem wir uns zu diesem Zeitpunkt des Jahres tastsächlich aufhalten werden. – Wir haben rational entschieden und fühlen uns gut, aber es hat nichts mit den Fakten zu tun.
Auch beim Einkaufen scheinen wir nicht immer besonders rational unterwegs zu sein. Genau das nutzen geschickte Werber aus und ordnen die Waren in den Regalen entsprechend an. Auf dem Einkaufszettel stehen später noch immer zehn Teile. An der Kasse zahlen wir weitere, die mit unserer ursprünglichen Absicht nichts mehr zu tun haben. Bei der späteren Rechtfertigung sah es »einfach lecker« aus. Und wenn es das Produkt tatsächlich nicht selbst ist, dann gilt das zumindest für die Werberin oder den Werber, die uns das Wasser im Munde zusammenlaufen ließen. Ganze Wissenschaften sorgen dafür, dass unser Blick gelenkt wird, damit unsere rein rationalen Entscheidungen erschüttert werden.
Auch intuitive Entscheidungen können auf einem Gefühl beruhen. »Das geht schnell und einfach, weil Gefühle beim Betrachten einer Option unmittelbar entstehen«, sagt York Hagmayer. Gefühle können eine gute Entscheidungsgrundlage sein, wenn wir entscheiden müssen, was wir gerade essen wollen. Doch sie können von außen beeinflusst werden.
Wenn die Werbung uns einen bestimmten Lebensstil empfiehlt, kaufen wir möglicherweise einen Sekt, den wir gar nicht mögen. Aber wir gewöhnen uns daran – und kaufen ihn weiter. Nach York Hagmayer ist die freie Entscheidung somit eine Illusion. Wir werden beeinflusst! Jeder hat

schon Produkte gekauft, die ihm überraschend günstig und attraktiv erschienen, die er aber nicht wirklich brauchte.
Wie kommen wir aus dieser Falle heraus? York Hagmayer nimmt uns einerseits die Illusion der freien Entscheidung. Er bietet uns andererseits die Möglichkeit, im Rahmen der Möglichkeiten bessere Entscheidungen zu treffen. Die Frage an einen Unbeteiligten: »Was würdest du tun?« kann bereits bessere Entscheidungen bewirken. Stattdessen fragen wir möglicherweise aus dem Bedürfnis nach Zugehörigkeit zuerst Menschen, die uns sowieso ziemlich ähnlich sind oder die von uns abhängig sind.
Ich erinnere mich an den Professor, der eines seiner Bücher überarbeitet haben wollte, weil er spürte, dass seine Studenten, die er aus Sympathie als Hilfskräfte engagierte und die demnächst ohnehin ihm seine Examensarbeiten vorlegen würden, »keine guten Ratgeber« waren. Ein unbeteiligter Lektor mit kritischer Distanz zum Thema, dem er ein vernünftiges Honorar zahlte, brachte ihm schließlich den schnelleren Erfolg.
York Hagmayer empfiehlt, dass wir zunächst entscheiden sollten, auf welche Weise wir überhaupt entscheiden möchten. Manchmal kann eine rein rationale Entscheidung mithilfe einer Entscheidungsmatrix eine Lösung sein. Sie zeigt uns »Baustellen« auf, über die wir gründlicher nachdenken sollten. Wir erkennen kritische Bereiche, die sich zunächst einmal »nicht richtig anfühlen«. Dazu können wir dann gezielt Expertisen einholen und uns beraten lassen.
Eine weitere Möglichkeit ist, sich bewusst auf eine intuitive Entscheidung einzulassen. Das geht meistens schneller und verhindert, dass wir vor lauter rationalen Abwägungen die Lust an unserem Ergebnis verlieren und in Testberichten versinken, bis der Grund für unseren Entscheidungsbedarf verjährt ist. Seine Ziele zu kennen, ist hier mit Sicherheit ein Weg zu schnelleren Entscheidungen, damit wir den nächsten Meilenstein nicht verpassen.
Es hat mir gut gefallen, dass York Hagmayer weder das rein rationale Entscheiden noch das intuitive, emotionale Entscheiden bevorzugt. Ob wir denkend oder fühlend entscheiden – beides ist berechtigt und eine Mischung ideal, solange wir uns die Freude am Entscheiden erhalten. Viele

Menschen sind unglücklich, weil sie überhaupt keine Entscheidungen treffen, denn die könnten ja falsch sein. Doch selbst ein Irrtum könnte sie in eine Richtung führen, die sie glücklicher macht als der Stillstand. Es gibt also gute Gründe, dankbar für jede Gelegenheit zu sein, seinen »Entscheidungsmuskel« zu trainieren. Wir dürfen dabei auch irren. Das Ziel nach York Hagmayer ist die Sicherheit, die Entscheidung zu treffen, die nach dem derzeitigen Stand unsres Wissens die beste ist. Wir treffen also eine rationale Entscheidung – und hören dabei auf unsere Gefühle. – KEN.

Gebundene Ausgabe: 216 Seiten; BusinessVillage, Göttingen;
ISBN: 978-3-869802-56-5

Christian Firus u. a.
»Verabredung mit dem Glück«

Christian Firus ist Facharzt für psychosomatische Medizin und Psychotherapie, Psychiatrie, Traumatherapie und systemische Therapie. Er verspricht uns in seinem Buch eine »Verabredung mit dem Glück«: Jeder kann selbst etwas für stärkere seelische Widerstandskräfte tun und damit Depressionen und Burnout vorbeugen.

So stärkt jeder seine Widerstandskraft

Die Therapie- und Coaching-Szene hat im Lauf der Jahre zahlreiche Strategien entwickelt, wie wir unseren inneren Zustand beeinflussen können. Immer wieder geht es dabei vor allem darum, erfolgreicher zu sein. Christian Firus fasst die wichtigsten dieser Beiträge in Bezug auf das Thema Glück zusammen. Und das ist interessant, schließlich geht Glück auch ohne Erfolg, und nicht jeder Erfolg macht zwangsweise auch glücklich. Ein Kapitel widmet er beispielsweise dem Thema Sinn. Wer mutig entscheidet, wofür er leben mag, entlastet sich auch von der Qual, aus anderen Angeboten das vielleicht Verlockendere auswählen zu müssen. Im Grenzbereich »seriöser« Wissenschaften sehen viele die Quantenphysik und die Hypnotherapie. Zwar wissen wir noch immer wenig, warum sie funktionieren, aber es spricht alles dafür, dass wir unsere äußere Wirklichkeit durch innere Prozesse gestalten können.
Gerade der geschickte Umgang mit inneren Bildern unterstützt die Verabredung mit dem Glück. Wer das Schöne wahrzunehmen bereit ist, hat einen besseren Zugang zu guten Gefühlen als jemand, dessen Denken um tatsächliche oder vorgestellte Katastrophen kreist. Wohin wir unsere Aufmerksamkeit lenken, das bestimmt, ob wir unser Glück überhaupt wahrnehmen. Dies mit einer Art fließender Gelassenheit zu tun, ist eine Möglichkeit der Selbstfürsorge. Selbst im Zeitalter des Internets könnte es unnötig sein, sich ständig aus der Komfortzone hinaus zu katapultieren, um Höchstleistungen zu schaffen. Genauso wenig müssen wir unter Niederlagen leiden und können nach einem Sturz wieder aufstehen, also »resilient« sein.

Christian Firus folgt in »Verabredung mit dem Glück« der Psychologie des österreichischen Neurologen und Psychiaters Viktor Frankl (1905-1997). Der Begründer der Logopädie führte sein Überleben im Konzentrationslager Auschwitz unter anderem darauf zurück, dass er seine Aufmerksamkeit auf Dinge lenkte, die ihm das Leben trotz der grauenvollen Umgebung und der von Nazis ermordeten Angehörigen wertvoll erscheinen ließen.
In dieser Tradition des Überlebens steht Hans-Hermann Firus' autobiografisches Kapitel in »Verabredung mit dem Glück«. Der Vater des Hauptautoren arbeitete als Pastor in verschiedenen Gemeinden und in Krankenhäusern. Sich als Teil von etwas Größerem zu sehen, eine spirituelle Verbundenheit zuzulassen, ist einer der Wegweiser zum Glück – selbst wenn die Umstände gerade etwas anderes nahelegen. Denn vielleicht haben wir bereits mehr Glück als wir wahrhaben wollen. »Trotzdem Ja zum Leben« (Viktor Frankl) zu sagen, bedeutet, dem Leben unter allen Umständen etwas Positives abzugewinnen, selbst wenn wir einen geliebten Menschen, den Arbeitsplatz verlieren oder krank werden sollten. In zahlreichen Fallbeispielen zeigt uns Christian Firus, wie Menschen auf eine annehmende Weise mit schwierigen Situationen umgegangen sind und dem Glück eine Chance gaben – oder umgekehrt sich selbst eine Chance zum Glück.
Christian Firus bietet in seinem Buch Imaginationsübungen und Kästen mit vertiefenden Fragen an, die uns einen Zugang zu einem besseren Selbstmanagement ermöglichen. »Mein Herz ist voller Leben. So soll es sein. Noch für eine gewisse Weile!«, sagt sein Vater am Ende seines Beitrags zum Buch. Auch wenn Pastor Hans-Hermann Firus dies bereits im Ruhestand schreibt, darf man seine Anregung sicher auch schon vorher übernehmen: »Verabredung mit dem Glück« heißt, trotz der Schattenseiten im Leben mit Dankbarkeit auf das Licht zu achten. – KEN.

Broschiert: 160 Seiten; Patmos Verlag; Ostfildern;
ISBN: 978-3-843605-72-4

Klaus Oberbeil
»Die tägliche Dosis Gift«

Pestizide in der Marmelade, Tenside im Duschgel, Benzophenone in der Frühstücksbox – nahezu alles, was wir heute berühren, essen oder einatmen, ist mit Toxinen belastet. Klaus Oberbeil beschreibt, welche Materialien und Substanzen für unseren Organismus besonders gefährlich sind, wie sie wirken und wie man die tägliche Schadstoffbelastung so gering wie möglich hält.

Wi(e)der die tägliche Bedrohung

Rund 100.000 chemisch-synthetische Substanzen greifen tief in unseren Alltag ein. Unser Organismus ist in keiner Weise dagegen geschützt. Selbst Chemiker wissen nicht, welche Giftstoffe in welchen Kombinationen auf uns einwirken; erst recht weiß es der Verbraucher nicht. Zudem werden beispielsweise Kosmetikprodukte vom Hersteller als »natürlich« oder »organisch« angepriesen und enthalten dennoch eine Fülle von Toxinen. Ähnlich verhält es sich mit Reinigungsmitteln, Lebensmitteln, Polstermöbeln oder Armaturen im Auto.

Das alles ist mehr oder weniger bekannt, und dieses kleine Buch bringt uns den täglichen Horror nur wieder neu zu Bewusstsein. Klaus Oberbeil belässt es nicht dabei, den Leser aufzuklären. Er zeigt auch Möglichkeiten auf, wie wir uns vor Alltagsgiften schützen und auf welche Alternativen wir zurückgreifen können.

Allerdings kommt dieser Teil in diesem Buch zu kurz. Selbst die Vermeidungsempfehlungen helfen nicht wirklich, denn wir können die Toxine in unserem Alltag nur bedingt vermeiden und bestenfalls versuchen, sie in unserer persönlichen Umgebung zu verringern. Selbst das jedoch ist unmöglich, wenn bereits beim Zähneputzen die ersten Chemikalien auf unseren Organismus einwirken und wir in öffentlichen Verkehrsmitteln die chemischen Ausdünstungen aus den Polstern eines nagelneuen Öko-Busses der Stadtwerke einatmen müssen, den wir ja eigentlich befürworten.

Klaus Oberbeil ist es nicht gelungen, uns die Panik zu nehmen, sofern wir sie haben. Tatsächlich war ich nach dem Buch ziemlich schlecht gelaunt, denn das Wissen allein genügt nicht, wenn man einer chemischen Bedrohung in diesem gigantischen Maße ausgesetzt ist.
Eine Alternative ist nur bedingt lebbar, und ganz sicher gehört dazu, sich darauf einzustellen, dass es ohne Chemie schon lange gar nicht mehr geht. – KEN.

Taschenbuch: 256 Seiten; Heyne Verlag, München;
ISBN: 978-3-453650-15-2

Elke Fleing
»Kommunikation verkaufen«

Elke Fleing schreibt eine Anleitung in die Selbstständigkeit für Kontakter, Konzeptioner, Texter, Grafiker, Fotografen, Illustratoren, Programmierer, Webdesigner, Audio- und Video-Worker. Das allerdings ist ein Haufen Zeugs, das sie großartig über einen Kamm schert.

Viel Reales aus dem Leben der Freiberufler

Faktisch brauchen immer mehr ehemals fest Berufstätige einen Kickstart, um mit den Grundpflichten eines selbständigen Trainers, Coaches und Beraters am Markt bestehen zu können. Viel Kompetenz drängt auf den Markt, will überleben, und es gibt immer mehr Heilsprediger, die einem (Anfänger) das neue Berufsleben leichter machen wollen. Dabei schöpfen sie als Berater der zukünftigen Berater eine Menge Rahm ab, bevor er sauer wird/sie sauer werden. Je nachdem ob gerade der Rahm oder die Berater gemeint sind.

Elke Fleing hat in diesem Buch viele Dinge aus dem realen Leben eines Freiberuflers zusammengetragen. Ich persönlich mag ihr Kapitel über die Kalkulation von Aufträgen und Honoraren. Dazu gibt es Kurzformeln, die mir selbst geholfen haben, nachdem eine gestandene Trainerkollegin sie mir gegenüber »verpetzt« hat. Diese Formeln stehen bei Elke Fleing nicht drin, und deshalb hätte ich das Kapitel selbst anders geschrieben.

Aber auch so ist das Buch hilfreich. Wie man Angebote schreibt, steht zum Beispiel in »Kommunikation verkaufen«. Der ganze Bürokram lässt sich über Textbausteine beschleunigen, damit am Ende des Freiberuflertags auch ein bisschen Leben übrig bleibt.

Dieser Status ist an sich schon Lebenskunst. Der Unterschied zwischen »eigentlich arbeitslos« und Freiberufler ist, dass der Freiberufler gerade nicht genügend nach seiner ökologischen Nische sucht, wenn er keine

Aufträge hat. Währenddessen kann der eigentlich Arbeitslose sich darauf beschränken, die mangelnde Auftragslage zu bedauern.
Das ist es auch, was mir die aktuellen Ratgeber zum Freiberuflertum zu sehr verschweigen. Elke Fleing inklusive. Sie werden von Leuten geschrieben, die mindestens vorgeben, »es« geschafft zu haben. Ein erfolgreicher Blog, wobei unklar bleibt, was einen Blog erfolgreich macht, macht noch keinen frei vom beruflichen Sommer, auch wenn der Blog danach als Buch zusammengetackert wird. So schnell gehen Bücher zwar, aber das richtige Leben ist komplizierter.
»Kommunikation verkaufen« ist ein Ansatz, der einem Anfänger die Grundlagen freiberuflicher Tätigkeit als Kommunikationsspezialist klar macht. Es ist Balsam für ehemals fest angestellte Kommunikationsprofis, die das Wasser des realen Lebens bereits an der Unterlippe spüren.
Sorry, aber wie »profi« ist jemand tatsächlich bereits, der noch nie den eigenen Kopf für ein selbst geschriebenes Angebot hinhalten musste?
Wenn Elke Fleings Konzept wirklich funktioniert, dann züchtet sie mit ihrem Buch ihre eigene Konkurrenz heran. Und dann tut sie gut daran, mit den Empfehlungen zuzuschlagen, und dann so schnell wie möglich mit dem Reibach zu verschwinden. »Hit and Run«, heißt das im Englischen. Zuschlagen/Einsacken – und dann nichts wie weg.
Ich finde das Buch solide. Und ich hoffe auch, dass der Wind im Universum der Kommunikatoren schärfer weht. Qualität hat eine Berechtigung und entsteht beim Verkauf von Kommunikation nicht durch Textbausteine, sondern durch ein feines aufeinander Eingehen – und das jedes Mal wieder neu –, statt durch eine Massenproduktion, die von »Kontaktern« bis »Video-Workern« allen den gleichen Weg beschreibt.
Ich wünsche diesem Buch viele Leser. Ein paar unter den Freiberuflern. Und viele unter den Kunden dieser Freiberufler, damit sie den Unterschied zwischen »Kommunikation verkaufen« und »die Kommunikation verkaufen« kapieren. – KEN.

Broschiert: 192 Seiten; BusinessVillage, Göttingen;
ISBN: 978-3-869801-64-3

Tom Peters
»Re-imagine«

Ich bin ein Tom-Peters-Spätling, aber kein hoffnungsloser Fall. Erst 1996 stolperte ich über die deutsche Ausgabe von »Auf der Suche nach Spitzenleistungen« (1982), wenig später über das Buch »Tom Peters Seminar«. Danach hat Tom Peters in meinem Tun immer wieder mitgeschwungen, und das war gut so. Deshalb glaube ich auch an die relative Zeitlosigkeit von »Re-imagine« (2003), das seit 2007 bei GABAL übersetzt vorliegt.

Spitzenleistungen in chaotischen Zeiten

»Re-Imagine«, was so viel heißt wie Umdenken oder Um-Vorstellen, ist ein grafisch kunstvolles und sehr anspruchsvolles Buch. Facebook und Mark Zuckerberg kommen darin noch nicht vor, aber sie wären brandaktuelle Beispiele für Tom Peters Botschaften. »Spitzenleistungen in chaotischen Zeiten« lautet der Untertitel, womit der frühere McKinsey-Manager Tom Peters beides bejaht: Ja, es gibt das Chaos. Und ja, Spitzenleistungen sind deshalb nicht nur erst recht erforderlich, sondern vor allem auch möglich.

Tom Peters, bei der ersten Auflage gerade 60 Jahre alt, grantelt in »Re-imagine« missmutig wie ein 80-Jähriger. Dank des freundlichen Fotos auf dem Cover und der Porträts innen drin, nehme ich es ihm nicht übel: Peters bleibt in einer kreativen Grundenergie, die ihn zu einem der erfolgreichsten Unternehmensberater überhaupt gemacht hat. Mit »Auf der Suche nach Spitzenleistungen« schrieb er eines der ewig besten Bücher über Unternehmensführung; »Re-imagine« hat für mich ein ähnliches Potenzial.

Tom Peters ist zornig, wie schon so oft. Er hasst ängstliche Manager, die das kreative Potenzial ihrer Mitarbeiter bremsen, erst recht nachdem diese ein Unternehmen ja mit auf die Spur der erfolgreichen Spitzenleistungen gebracht haben! Für Tom Peters sind solche Führungskräfte inzwischen konservativ. – Tom Peters liebt das Chaos.

Und das war auch mein erster Eindruck von dem Buch: Grafisch hoch spannend, ansonsten voll krass und schrill, so wie bei manchen Internetseiten, auf denen auf den Klick direkt nach einem Google-Fund der Bildschirm zugekleistert ist mit allen möglichen, widerlich geschwätzigen Fenstern, die unkontrolliert aufpoppen und gegeneinander zu kämpfen scheinen, wer von ihnen einen als Erster belästigen darf.
Die Generation der neuen Unternehmer, die nach 2010 noch in den Zwanzigern stecken, scheint das zu mögen. Für sie ist das der Normalfall. Und deshalb ist Opa Tom Peters goldrichtig und zeitgemäß – auch die vielen Jahre nach der ersten Auflage von »Re-imagine«.
Ich weiß nicht, wie Tom Peters in seinen reifen Jahren noch immer so sehr in das Chaos eintauchen kann. Aber er geht meisterlich damit um. So gibt er anders Gestrickten auf den Gegenüberstellungen »Früher – Heute« immer wieder einsichtsvolle und zusammenfassende Verschnaufpausen: Während die Menschen früher ihre Zeit im Unternehmen einfach absaßen, wollen Sie heute kraftvoll durchstarten. Während früher die Verkaufsabteilung am Ende des Flusses war, ist sie heute überall. Während Frauen im Unternehmen früher vor allem Unterstützungsfunktionen hatten, gehören sie heute als beziehungs- und kooperationsorientierte Mitarbeiter ganz vorne in den Verkauf.
Das Buch ist ein Sammelsurium von Meinungen, Zitaten, Belegen und Tipps. Es ist Chaos – dem wir kaum ausweichen können – mit System, das ein klares Ja zu Spitzenleistungen nicht nur erlaubt, sondern sogar fordert. Fantasie, Fehlerfreudigkeit, Neugier, Schnelligkeit – bei alldem auch Respekt und die Bereitschaft zur verantwortlichen Für- und Mitsorge sind angesagt!
Chaos, soviel lerne ich von Tom Peters, bietet viele Möglichkeiten. Chaos allein um des Chaos' Willen wäre jedoch dumm: Es soll etwas Nützliches dabei herauskommen, etwas das in die Kultur hineinwirkt. Nicht irgendwann, sondern jetzt. Und Jetzt ist immer. – KEN.

Gebundene Ausgabe: 352 Seiten; GABAL-Verlag, Offenbach am Main;
ISBN: 978-3-897497-26-9

Wolfgang Traub
»Flügel am Kopf«

Wenn man die Kreativitätslatte nur tief genug hängt, dann landet man möglicherweise bei »Flügel am Kopf« von Wolfgang Traub. Weil das Thema mich interessiert, war ich schnell genug im Titel drin und habe dabei übersehen, dass das Buch gar nicht für mich, sondern für Nicht-Kreative ist.

Überleben ohne Giftstachel, Krallen oder Panzer

Daher kamen mir die Inhalte relativ flach vor. Gut, der Einstieg ging eigentlich. Wolfgang Traub räumt damit auf, dass sich jemand überhaupt nicht kreativ findet. Man muss ja nicht gleich eine Aquarell-Klasse an der Volkshochschule leiten. Kreativ sind wir schon, wenn wir alltägliche Probleme lösen, unsere Woche in Outlook organisieren und hier und da um die Ecke denken.

Wobei Denken allein auch nicht reicht, denn wir haben nicht nur eine »logisch« orientierte Gehirnhälfte. Es gibt auch die andere Seite, die uns intuitiv und bildhaft begleitet. Weil sie schneller arbeitet, sichert sie uns seit Jahrtausenden das Überleben in Gefahrensituationen. Hätte unsere Vorfahren damals ein Dinosaurier angeschnauft, hätte es ihnen wenig genutzt, wenn sie den Gattungsnamen, das Geschlecht, Größe, Länge und Geschwindigkeit aus dem Stand hätten aufsagen können. Damals zählte es intuitiv und kreativ zu überleben. Unser vergleichsweise lahmer Logik- und Sprachkanal hätte die Wahrscheinlichkeit unserer weiteren Teilnahme am Gen-Pool drastisch verringert.

In der Regel gelingt es nicht einmal unseren Lehrern, uns diese zweite (Überlebens-) Begabung vollständig auszutreiben. Wir finden sie im beruflichen Leben nur wenig willkommen. Dort gilt als besonders sportlich, intelligent und kompetent, wenn jemand sich elegant hinter Zahlen, Daten und Fakten verstecken kann, die außer ihm selbst kein Schwein versteht.

Wirklich neue Impulse zu Kreativität hat es seit Vera F. Birkenbihl (1946 –

2011) und »ABC-Kreativ: Techniken zur kreativen Problemlösung« keine mehr gegeben. Es lohnt sich, den kleinen, schrulligen Wirbelwind der Trainerszene parallel zu Wolfgang Traub und »Flügel am Kopf« zu lesen. Vera F. entwickelte Kreativitätsmodelle aus einer persönlichen Betroffenheit heraus: Sie litt am Asperger-Syndrom, einer autistischen Erkrankung. Mit ihren Kreativitätstechniken gelang es ihr, die Welt zu sich zu holen. Und sie machte das auf einem ebenso kind- wie erwachsenengerechten Niveau und vermittelte es Menschen jeden Alters, die mit Freude und Spaß etwas für ihre rechte Gehirnhälfte tun wollten.
Eine Lanze für Kreativität zu brechen, vermerke ich auf der Positivseite des Buchs von Wolfgang Traub. »Das Kreativitätstraining für Nicht-Kreative« war mir am Ende jedoch nicht kreativ genug. Tatsächlich bleibt es in Wahrnehmungsübungen und Anleihen aus Intelligenztests steckenbleibt, wie sie in Assessment-Centers genutzt werden. So endet die Kreativität kreativ im Kleid der Linkshirnigkeit im Panikmodus, und das sollte selbst nach dem Kreativitätsverständnis von Wolfgang Traub wenig miteinander zu tun haben. – KEN.

Broschiert: 170 Seiten; BusinessVillage Verlag, Göttingen;
ISBN: 978-3-869802-07-7

Thomas Vašek
»Seele. Eine unsterbliche Idee«

Thomas Vašek ist 42 Jahre alt, als er das Buch schreibt. Hobby-Boxer, athletisch und beruflich voll im Saft. Mitten im Leben wird der ehemalige Chefredakteur der Zeitschrift PM mit einem Zustand konfrontiert, den niemand wirklich erleben möchte – weder als Betroffener noch als Angehöriger. Vašeks Vater erkrankt schwer an Demenz.

Tot ist okay - aber was, wenn ich mich langweile?

Wie Demente sich erleben, wieviel am Ende von ihnen noch »hier« ist, weiß niemand. Selbst wenn die Kranken es wüssten, könnten sie es ab einem bestimmten Stadium nicht mehr mitteilen. Thomas Vašek sucht hier den Kontakt über die Auseinandersetzung mit der »Seele. Eine unsterbliche Idee«.

Ich fand das Buch sehr interessant, auch wenn ich es mir wegen seiner philosophischen, kulturhistorischen und wissenschaftlichen Tiefe schwer erarbeiten musste. Das ist jedoch ein angemessener Preis: Die Seele ist ein Thema, das die Menschen aller Kulturen irgendwie beschäftigt, weil die meisten irgendwann in ihrem Leben Antworten auf die Frage nach ihrem Woher und Wohin brauchen, erst recht wenn sie sich weigern, sie der Religion zu überlassen.

Die Frage nach der Seele wird für Thomas Vašek umso dringender, als der eigene Vater noch lebt, aber immer hinfälliger wird und sich sein Bewusstsein mehr und mehr zurückzieht. Die Vorstellung, es könnte eine Seele unabhängig vom Körper geben, ist in dieser Situation ein gewisser Trost, den wir gegenüber Wissenschaftlern verteidigen müssen, für die alle geistigen und psychischen Vorgänge von hirnphysiologischen Prozessen abhängen. Aber nichts in irgendeiner Richtung lässt sich wirklich beweisen.

Auch wenn der offizielle Anlass Thomas Vašeks, sich mit der Seele auseinanderzusetzen, sehr traurig ist, bietet das Buch jede Menge Stoff zum

Nachdenken über eine der größten Menschheitsfragen. Dass der Autor keine finalen Antworten geben kann, liegt an seinem Thema. Aber mindestens das leistet dieses Buch über eine »unsterbliche Idee«: Im Bewusstsein der eigenen Endlichkeit, angesichts von altersbedingt zunehmender Gebrechlichkeit und schließlich Tod, ist in allen Kulturen jeder Trost hilfreich. Vašek bietet Argumente, um die persönlichen Überzeugungen gegen die Weltsicht des nächsten gleichfalls Suchenden zu verteidigen, der uns widerlegen möchte. – KEN.

Gebundene Ausgabe: 352 Seiten; Ludwig Buchverlag, München;
ISBN: 978-3-453280-19-9

Humor

Der Humor kommt in diesem Band aus aktuellem Anlass in einem anderen Gewand daher. Ich freue mich, dass Anfang März 2015 das Buch »Einfach schlagfertig« im Verlag BusinessVillage, Göttingen, herausgekommen ist. Petra Schächtele-Philipp unterrichtet seit vielen Jahren Schlagfertigkeit in Seminaren und Trainings. Letzten Herbst hat sie im Europa-Park Rust im Rahmen der Vortragsreihe von Marianne Mack über 600 Zuhörer begeistert.

Zu Schlagfertig hat die Stuttgarter Autorin einiges zu sagen. Sie hat das auch in zwei vorhergehenden Büchern schon getan. In »Einfach schlagfertig« haben wir das Thema jedoch auch von der »Schreibe« her aufgearbeitet. Denn bei allem didaktischen Ernst sollten wir Schlagfertigkeit beim Lesen auch hören können. Ich hoffe, uns ist das als Autorenteam ganz gut gelungen.

In »Einfach schlagfertig« gibt es zum ersten Mal ein Kapitel über die Verkörperung von Schlagfertigkeit. Während wir also einerseits körperliche Prozesse schildern, die Schlagfertigkeit verhindern, hilft uns möglicherweise die Verkörperung von Modellen und Vorbildern, dass wir wieder angemessen in die Spur kommen. Hauptsache, wir reden weiter mit!

Meine eigenen Bücher kann ich schlecht selbst besprechen. Eigenlob und so ... Das gilt auch für Bücher, die ich als Co-Autor begleite. Deshalb gebe ich hier einen Text wieder, der davon berichtet, dass Humor eben nur einer von vielen Zugängen zu Schlagfertigkeit ist. – Viel Vergnügen!

Petra Schächtele-Philipp und Peter Kensok
»Einfach schlagfertig«

»Wenn du im Recht bist, kannst du es dir leisten, die Ruhe zu bewahren. Wenn du es nicht bist, kannst du es dir nicht leisten, sie zu verlieren.« – Dieses Zitat des indischen Pazifisten Mahatma Gandhi (1869–1948) führt zu der Frage, ob Schlagfertigkeit tatsächlich ein Mittel der Kommunikation ist, um Frieden zu erhalten oder gar wiederherzustellen.

Humor ist nur einer von vielen Zugängen zu Schlagfertigkeit

Schlagfertigkeit hilft auf jeden Fall, besser zu kommunizieren und das Selbstwertgefühl zu verbessern. Sie steigert unsere Überzeugungskraft, markiert Grenzen, wehrt unfaire verbale Angriffe ab und trägt dazu bei, dass wir im Gespräch bleiben. Wir wollen schließlich auch danach wieder miteinander reden können.

Viele Menschen sind sich nicht bewusst, dass sie durchaus bereits einen Zugang zu Schlagfertigkeit haben. Sie meinen jedoch, sie müssten dabei immer witzig sein oder die gesamte Umgebung unterhalten. Das würde vielen jedoch erst Stunden nach einem Ereignis gelingen: »Eigentlich hätte ich noch sagen können ...« Mit solchen Sätzen bestrafen wir uns sogar noch dafür, dass wir in der Situation durch Schweigen vielleicht bereits optimal schlagfertig gehandelt haben.

Gerade zurückhaltende Menschen denken, sie müssten auf einen Angreifer sogar noch Rücksicht nehmen. Wenn jemand laut und gemein zu uns ist, statt sich für einen eigenen Fehler zu entschuldigen und stattdessen sogar noch mit Konsequenzen droht, dann heißt das noch lange nicht, dass er auch Recht hat. Eine kunstvolle Pause, der wir mit einfachen Mitteln Bedeutung geben, kann ein gutes Mittel sein, hier Verwirrung zu bewirken und ihn aus seiner Denkrinne zu holen.

Schlagfertigkeit ist ein Mittel, sich selbst zu behaupten. Wer darauf verzichtet, eine Situation zu klären und in eine Lösung zu überführen, hat durchaus Aussichten, dass er noch Jahre später darunter leidet. Er hat

damit möglicherweise auf sein Recht verzichtet, Grenzen zu setzen. Leider hat er damit sich selbst mehr geschadet als genutzt. Das könnte auch für zuschauende Dritte der Fall sein. Und das macht alles noch schlimmer.
Angewandte Schlagfertigkeit dagegen schenkt uns gute Gefühle, weil sie die Grundbedürfnisse Anerkennung und Selbstkontrolle stärkt. Wir tun etwas für den sozialen Austausch auf allen Ebenen: im Beruf wie in der Freizeit, in der Partnerschaft, in der Familie, in der Gemeinde oder im Verein – wo immer Menschen aufeinandertreffen und vielleicht von der angespannten Beziehungsebene wieder auf die nüchterne Sachebene zurückkommen möchten.

Schlagfertig 1

Kaffeerunde mit den besten Freundinnen. Plötzlich Lärm im Treppenhaus. Die Gastgeberin darauf: »Das ist mein voller Ernst!«

Richtig angewendet, macht Schlagfertigkeit Spaß! Sie ist spontan, kreativ, humorvoll und führt aus der Sprachlosigkeit heraus. Auch wenn wir uns immer mindestens zweimal sehen werden, sollte Schlagfertigkeit in einer angemessenen Situation »voll die Mitte« treffen. Es gibt selten Schlagfertigkeits-Duelle. Wenn doch, dann begegnen sich zwei ebenbürtige Partner, die einander genügend wertschätzen, um ihre Auseinandersetzung auf eine friedvollere Art zu beenden. Bei den anderen gilt: Schlag! und Fertig! Wir haben nur einen schlagfertigen Versuch, und der sollte sitzen.

Schlagfertig 2

Der italienische Physiker Allessandro Volta (1745–1827) antwortete auf die Frage, wieso er seinen Kaffee ohne Zucker trinke: »So geht mehr Kaffee in die Tasse.«

Tatsächlich reagieren wir bei Angriffen am Wenigsten durch gründliches Nachdenken. Wenn wir (verbal) angegriffen werden, verzichten wir in der Regel auf einen Gegenangriff oder die Flucht und bleiben in der Er-

starrung stecken. Wir schalten im Prinzip die linke Gehirnhälfte ab, die für Sprache und Logik zuständig ist – und sind erst Stunden später wieder schlau.
Diese Reflexe lassen sich durch Training beeinflussen. Schlagfertigkeit bedeutet neben Treffsicherheit somit, »fertig« für den »Schlag« zu sein. Wir können uns auf Situationen vorbereiten, die immer wieder auftreten. Wir müssen zuvor jedoch die Entscheidung getroffen haben, dass wir uns auch wehren dürfen. Schlagfertigkeit funktioniert am besten, wenn wir sie uns zu einer Lebenseinstellung machen. Das ist zwar keine Garantie für die richtige Antwort zur richtigen Zeit, aber wir werden immer öfter eine Auseinandersetzung auf Augenhöhe verlassen.
Wer seine körperlichen Reaktionen dabei gut einschätzen kann, erkennt möglicherweise schon vorausschauend, wann eine Situation eskaliert – und kann die Fettnäpfchen rechtzeitig vermeiden.
Wirklich Schlagfertige haben Spaß an der Kommunikation und einen sehr lebhaften inneren Dialog. Sie verbessern dadurch ihren Zustand in kritischen Situationen, als würden sie das Komische daran durch das Auge eines Karikaturisten sehen: Jede Situation birgt schließlich den Kern einer Anekdote.

Schlagfertig 3
»Ich werde immer dicker, und meine Frau immer dünner.«
»Tauscht doch einfach die Teller.«

Schlagfertigkeit muss dabei nicht immer witzig sein. Das ist häufig ohnehin etwas, das sich eher Extrovertierte trauen. Stille Menschen verzichten häufig darauf, überhaupt zu antworten, weil sie solange an einer treffenden Formulierung feilen, dass der Anlass schon längst wieder Geschichte ist. Auch diese Menschen können sich an Schlagfertigkeitsstilen orientieren. Manche »Modelle« überhören eine kränkende Bemerkung einfach und lassen damit den Angreifer ins Leere laufen. Andere haben gerade eine sehr gute Antwort auf gleichem Niveau parat und sprechen sie auch aus, während die nächsten mit einen klaren »Nein!« und »Sie vergreifen sich im Ton!« Grenzen setzen.

Jede Reaktion kann angemessen sein und uns aus der Sprachlosigkeit herausführen. Wir können Witze, Anekdoten und Zitate als Quelle der Inspiration nutzen – oder unsere Kreativität durch Übungen, Spiele und Brain-Jogging steigern. Viele Ratgeber zu Schlagfertigkeit überfordern die Anwender jedoch gerade am Anfang mit »praktischen« Beispielen. Im Ernstfall wehren wir uns dann trotzdem nicht, weil wir zu lange brauchen, um uns für eine der einstudierten Pointen zu entscheiden.
Die meisten Menschen reagieren jedoch sehr gut im Sinn der Schlagfertigkeit, wenn sie in die Haut eines schlagfertigen Vorbilds schlüpfen, das ihnen und ihrer Persönlichkeit entspricht. Diese Technik ist vor allem in der Schauspielkunst als Verkörperung oder »Embodiment« bekannt. Ein guter Schauspieler »ist« seine Rolle – zumindest für die Zeit, die er sie auf der Bühne verkörpert. Wenn er das sehr gut macht, hat er auch darüber hinaus Zugang zu den Entscheidungs- und Handlungsstrategien seines Helden.

Schlagfertig 4
»Herr Ober, haben Sie immer so schlechtes Bier?«
»Nein. Dienstags haben wir Ruhetag.«

Beliebte und leicht zugängliche Modelle für Schlagfertigkeit sind »Inspector Columbo«, der für den schlagfertigen Frager steht. Loriot ist und bleibt dagegen der Meister des Kurzkommentars: »Ach was!« oder »Sehr übersichtlich!«
Von der englischen Königin und einer Oma mit Hörrohr können wir lernen, selektiv zu hören. So sparen wir uns unsere Reaktionen für die wirklich wichtigen Dinge auf. Gemeine Angriffe sind selten sachlich und noch seltener wirklich wichtig. Auch der Zollbeamte und der Türsteher bieten sich als Verkörperungen von Schlagfertigkeit an. Denn wir sollten immer dann klare Grenzen setzen, wenn ein Angriff ehrverletzend und richtig böse ist.
Wenn wir uns mit solchen Modellen identifizieren und uns in sie als »Zustand« hineinversetzen, bleiben wir in Situationen für Schlagfertigkeit unabhängig vom Anlass handlungsfähig. Denn bewusst schlagfertiges,

gründliches Denken ist in einer akuten Situation meistens zu langsam. Mindestens sollten wir jedoch erhobenen Hauptes das Feld verlassen. Im besten Fall hat Ihr fertiger Schlag vorher ein Lächeln auf die Gesichter aller Beteiligten gezaubert. Denn selbstverständlich wollen Sie sich auch in dieser Zusammensetzung wieder begegnen können. – KEN.

Petra Schächtele-Philipp und Peter Kensok
»Einfach schlagfertig – Zehn Methoden, die jeder anwenden kann«
Broschiert, 232 Seiten; Verlag BusinessVillage, Göttingen;
ISBN: 978-3-869802-90-9

Reisen

Einen Tag vor der Germanwings-Katastrophe am 24. März bin ich von einer Leserreise aus Moskau zurückgekommen. Mein Flug führte in etwa über die Alpen, in denen der 27-jährige Co-Pilot Andreas Lubitz einen Airbus 320 zerschellen ließ. Jetzt, im Mai, sind die Trauerfeiern für die 150 Opfer noch frisch in Erinnerung. Die Untersuchungen der Katastrophe laufen noch, und immer wieder ist von erweitertem Selbstmord die Rede. Nach dem Unfall gab es eine Menge Sondersendungen und Programmänderungen im Fernsehen. Auch »Neues aus der Anstalt«, die neue Heilige Kuh des politischen Kabaretts im ZDF, wurde verschoben. Niemandem war zum Lachen zumute. All die scharfsinnigen Analysen zu Islamischer Staat, PEGIDA, TTIP und Politikern, die ihr Fähnchen nach jedem Wind aus welchem Gesäß auch immer drehen – das alles interessierte für einen kurzen Moment niemanden mehr.
Nach Flugzeugabstürzen kommen mehr Reisende mit dem Thema Flugangst in meine Sprechstunde als Coach und Therapeut. Ich habe deshalb mein Programm ebenfalls geändert und stelle hier einen Fall von Flugangst vor, der richtig gut ausging.
Typisch an Jan ist, dass seine Angst mit dem Fliegen gar nichts zu tun hatte. Und das ist – Airbus 320 hin oder her – meistens so. Sollten Sie also an Flugangst leiden und den passenden Therapeuten gefunden haben, dann lassen Sie sich überraschen: Mit Ihrer Flugangst landen Sie sehr wahrscheinlich ganz woanders!

Cora Besser-Siegmund und Harry Siegmund (Hrsg.)
»Erfolge zum Wundern«

Schade, wenn jemand wegen Flugangst auf ferne Länder verzichten muss. Die Coachingmethode wingwave hilft den manchmal überraschenden Ursachen auf die Spur zu kommen und das Leiden dauerhaft zu überwinden. Peter Kensok berichtet hier über die Lösung eines Falls von Flugangst.

Alles freut sich auf die Ferien – und Sie?

Jan Duykstraat (Name red. geändert) ist 15 Jahre alt, »natürlich« noch Schüler und kommt aus einer ziemlich internationalen Familie: Der Stiefgroßvater arbeitete in einem Großmarkt der US-Army, die Mutter stammt aus den Niederlanden, der Vater aus Pakistan und Verwandte gibt es »mindestens« in den USA und England. Viele Gründe also zu fliegen.

Doch Jan gerät in Panik, sobald er an eine Flugreise auch nur denkt: »Ich habe keine Ahnung, was da los ist. Ich weiß nur, dass ich eine irre Angst habe.«

»Die Angst scheint eher dich zu haben«, schlage ich ihm vor und verschiebe damit ein bisschen die Perspektive. Flugangst ist eben nicht gleich Flugangst. Aber das ist ihm egal.

»Ich weiß nur, dass ich dagegen nicht ankomme«, sagt Jan.

»Und was ist dein Ziel für diese Sitzung?«

»Ich würde gerne entspannt fliegen können, denn dass ich das nicht kann, ist doch nicht normal, oder?«

Dabei könnte für Jan eigentlich alles ganz gut sein: Er mag Flugzeuge und ist darin in seiner Clique sogar der (!) Spezialist. Er kennt Spannweiten, Reichweiten bei voller Beladung, weiß über Propeller- und Düsenantrieb Bescheid, über Besonderheiten der Innenausstattung und welche Gesellschaft wohin am günstigsten fliegt. Er weiß sogar aus eigenem Erleben, welche Flughäfen von Europa nach Amerika am schönsten sind.

Flughäfen sind jedoch am Boden, und Fliegen ist in der Luft. Jan erzählt locker und flockig, wie viel Passagiere in den unterschiedlichen Maschinen reisen können – sofern er nur ja nicht dazu gehören muss.

Leider steht jetzt ein Flug von Stuttgart nach Sarajewo (Bosnien und Herzegowina) an, mit Zwischenlandung in Mostar. Also hin und zurück vier Starts und Landungen.
Jan geht es gar nicht gut damit.
Aber er hat nun mal einem Freund versprochen, mit ihm ein internationales Sommercamp zu besuchen. Und für Jan gilt: »Ein richtiger Mann – ein richtiges Wort.« Dabei könnte ein richtiger Mann doch auch mit dem Zug fahren, oder?
»Ist aber giga umständlich und uncool in der Klasse.« Wie sollte Jan seinen Mitschülerinnen und Mitschülern erklären, dass er sich vor Flugangst nahezu in die Hosen macht ...
Wenn schon Fliegen, dann nur mit der Lufthansa.
»Lufthansa ist nett und klasse«, sagt Jan. Aber Lufthansa fliegt eben nicht passend zum Sommercamp nach Bosnien. Und schon gar nicht zu dem Etat, der ihm und seinem Freund zur Verfügung steht. Die Ferien zuhause verbringen ist jedoch auch nichts.
Irgendwann waren Nägel mit Köpfen gemacht worden: Die Eltern hatten die Flugtickets mit Air Bosnia gebucht, und damit gab es kein Zurück mehr für Jan. Dann hörte er von wingwave.
»Das hat mit den Wellen im Gehirn zu tun. Und mit Schmetterlingen, die ja auch fliegen.« – Soviel weiß Jan bereits, und er wittert zumindest die Chance, einigermaßen gut in die Ferien starten zu können.

Sein Tag beim Coach. Das »Setting« ist klassisch und wingwave-mäßig. Jan ist begeistert von der Kalibrierungsphase, vom Zuckertest, vom Muskeltest an der Hand (Myostatik-Test) überhaupt und den neurophysiologischen Zusammenhängen im Besonderen. Er saugt nahezu alles in sich auf. Ein Videobericht über eine andere Flugangst-Intervention mit wingwave »glüht« ihn gewissermaßen zusätzlich vor für das, was er in dieser wingwave-Sitzung erleben wird.

Es macht Spaß, mit Jan zu arbeiten. Er geht clever mit und erzählt, dass er als kleiner Junge zwischen Großmutter und Mutter auf dem Flug nach London in ein Luftloch gerauscht sei.
»Wir sackten 50 Stockwerke tief ab. Mindestens! Meine Mutter und meine Oma schrien wie am Spieß und klammerten sich verzweifelt an mich fest. – Daran lag's bestimmt«, vermutet Jan. Er testet jedoch stabil. Jan lacht: »Luftlöcher sind anscheinend lustig.«

Flugangst hat viele Ursachen

»Dann kann es nur der Klassenausflug mit dem ängstlichen Lehrer nach Prag gewesen sein ...«
Ist es aber nicht. Limbisch reagiert Jan auch auf dieses Ereignis stabil. Hatte seine Flugangst am Ende gar nichts mit dem Reisen in der Luft zu tun?
Ich überprüfe das und teste durch, was alles zum Fliegen dazu gehört. Die Klassiker gewissermaßen: Enge, Kontrollverlust, ungewohntes Essen und Trinken, die vielen Passagiere, Stewards und Stewardessen, Entführungen, 11. September 2001. Das Flugzeug als Ganzes. Negativ. Jan könnte tatsächlich sogar Spaß am Fliegen haben oder zumindest gelassener sein!
Also gehen wir ganz zurück auf »Start«: Die Entscheidung zuhause für die Reise hält kinesiologisch. Kofferpacken, der Abschied vom Bruder, den Großeltern, der geliebten Katze genauso. Wir fahren in Gedanken zum Flughafen – kein Problem.
Ich assoziiere ihn stärker in das Umfeld Flughafen, um herauszufinden, wo seine Angst eigentlich beginnt. Check-in hält, Passkontrolle hält, die Zugänge zu den Flugzeugen mit all den kunterbunten Duty-frees halten ebenfalls. Hier kauft Jan sogar gerne ein.
»Irgendwelchen luxuriösen Schnickschnack, auf den meine Mitschüler neidisch sein werden.« Er grinst. Noch.
Wir nähern uns dem Bording-Bereich, dann Aufruf zum Einsteigen. Jans Karte wird abschließend überprüft. Und Jan testet – butterweich. Wir sind am richtigen Thema!
Mein junger Klient spult das gesamte Programm ab, von Angst bis

Scham, während er auf die Dame vom Bodenpersonal fokussiert. Er hält das Gefühl, und ich winke. Die Empfindungen sind ihm »... irgendwie vertraut ...«. Ich winke weiter: »... wie aus einer anderen Zeit ...« Wie viele andere Zeiten hatte ein 15-Jähriger bereits?
Ich frage die Jahre ab und lande im Alter von drei bis vier.
»Was war damals?« frage ich ihn. –
»Keine Ahnung!« Ich winke weiter. Und dann rastet die Erinnerung ein. Jan ist überrascht. Und er erzählt:
»Ich war damals ja noch sehr klein und im Kindergarten. Und eines Tages ist mir draußen beim freien Spielen ein Malheur passiert. Ich schaffte es nicht mehr rechtzeitig aufs Klo und hatte die Hosen schließlich gestrichen voll. Im wahrsten Sinn des Wortes. Ich muss gestunken haben wie Sau und war ziemlich verzweifelt, denn meine Mutter hatte mich im Kindergarten abgegeben und war längst gegangen. Zuhause war niemand erreichbar, der mich hätte sauber machen können. Mir war alles soooooo peinlich. Die anderen Kinder lachten mich aus. Und ich glaube, die Kindergärtnerin war vollkommen überfordert. Sie sagte nur: Du darfst hier nicht rein!«
Waren wir tatsächlich beim richtigen Thema? Der Myostatik-Test bestätigt das. Wir bewinken diesen peinlichen Moment im Leben des jungen Jan, die Kindergärtnerin und dann auch die Dame vom Bording. Und dann lacht er: »Stimmt ja auch. Ich bin noch immer nicht sehr groß, und beide Male entscheiden große Frauen darüber, ob ich dabei sein darf oder nicht.«

Ihren Urlaub haben Sie sich verdient! – Guten Flug!

Jan hat das Sommercamp in Bosnien erlebt. Mit Zwischenlandung in Mostar auf dem Hin- und Rückflug. Insgesamt vier Mal rauf und vier Mal wieder runter. Der Hinflug war von selbst in Ordnung. Der Rückflug »ging so«. Sein Freund berichtete von einer ziemlich heftigen Fete am Abend davor, und Jan habe sich im Flugzeug zwischendurch die Thymusdrüse geklopft, wie er es im wingwave-Coaching gelernt hatte.
Damit hat er die hundert Punkte verfehlt, aber nur knapp, denn die Flüge hat Jan erstaunlich gut überstanden. Er will sogar den Pilotenschein ma-

chen! Erst jedoch kommt der Führerschein am Boden dran. Aber das ist dann wieder eine andere Geschichte.

Text: Peter Kensok, veröffentlicht unter anderem in:
»Erfolge zum Wundern«;
Broschiert: 224 Seiten; Junfermann Verlag Paderborn;
ISBN: 978-3-873877-33-7

Peter Kensok ist wingwave-Coach und hat über 50 Coaches in dieser Methode ausgebildet. Sollten Sie von Flugangst, Prüfungsangst, Blockaden bei Auftritten und anderem betroffen sein, nehmen Sie gerne Kontakt auf. Per E-Mail an info@kensok.de oder unter Telefon 0711 / 24 39 43.

Cora Besser-Siegmund und Harry Siegmund (Hrsg.)
»Erfolge zum Wundern«
Broschiert: 224 Seiten; Junfermann Verlag, Paderborn;
ISBN: 978-3-873877-33-7

Spannung

Ryan David Jahn (hier vertreten mit »Der Cop« und »Die zweite Haut«) steigt auf meiner Spannungsleiter immer höher. John Grisham bleibt in »Das Komplott« wie gehabt raffiniert. Er öffnet sich mit dem zweiten Theo Boone-Band wieder der Kinder- und Jugendliteratur. Sein junger Held ist ein ziemlicher »Klugscheißer«, aber die Idee, Rechtsthemen kindermundgerecht aufzubereiten, gefällt mir. John Grisham wäre damit ein sehr gutes Modell auch für deutsche Juristen im Ruhestand, denn leider schreibt Grisham vor allem über US-amerikanisches Recht.
Wir lernen mit Pontus Ljunghill einen Autoren kennen, der uns schwedische Schwermut näherbringt und lesen mehrere deutsche Autoren, die bereits von islamistischen Attentaten berichteten, bevor die Rückkehrer aus Syrien ein tägliches Problem wurden.
Zwar gibt es unter den Thrillern in diesem Band wieder zahlreiche Beispiele von Männern, aber die Frauen holen auf! Stephanie Fey und das Autorenteam hinter dem Pseudonym Felicitas Gruber lesen sich spannend, letztere mit viel bayrischem Charme und Witz.
Elizabeth Haynes schafft einen Helden, der seine Opfer allein mit der Kraft seiner Worte über den Jordan redet. Als Verbrechen nahezu perfekt.
Meine Freunde müssen sich bei den vielen Thrillern keine Sorgen um mich machen. Ich gebe sogar ein bisschen Lokalkolorit mit dazu: »Mr. Mercedes« von Stephen King. Als Stuttgarter kann ich den Titel einfach nicht ignorieren.

Ryan David Jahn
»Der Cop«

Zehn Jahre lang waren drei entführte Frauen in Cleveland, USA, Opfer von »netten«, »unauffälligen« Nachbarn. Der ebenfalls unauffällige Österreicher Josef Fritz sperrte sein Opfer sogar 24 Jahre ein und zeugte mit ihm sieben Kinder. Das Opfer war seine eigene Tochter. Rund um dieses Thema geht es auch Ryan David Jahn in »Der Cop«.

Anruf für Ian Hunt – dabei ist seine Tochter offiziell seit Jahren tot

Vor gerade mal zwei Monaten, aber sieben Jahre nach ihrer Entführung aus dem Kinderzimmer, wurde Maggie offiziell für tot erklärt – samt feierlicher Beerdigung im leeren Sarg. Damit hätte Ian Hunts inzwischen von ihm geschiedene Frau dieses schreckliche Kapitel endlich abschließen können. Doch dann ruft die Totgeglaubte ihren Vater an und fleht um Hilfe.

Ian Hunt steht als Cop vor den Trümmern seiner Karriere und denen seiner Ehe. Wo es von ganz unten aus nur noch etwas zu gewinnen gibt, startet er durch, um seine Tochter zu retten. Sein eigenes Leben als Preis ist ihm gerade recht.

Auf der anderen Seite steht Henry Dean, der in einer Schule als Gebäudereiniger arbeitet. Seine Frau Beatrice hat den Tod ihrer gemeinsamen Tochter Sarah nie überwunden. In »Ersatzkindern«, die Henry jeweils entführte, findet sie Trost. Maggie überlebte von den bisherigen Opfern am längsten. Sie flüchtet sich in Halluzinationen als Folge der jahrelangen Folter, die sie weiterhin immer wieder ertragen muss. Aber Maggie gibt nicht auf und ergreift schließlich ihre Chance. Danach geht es für alle Beteiligten nur noch ums Überleben.

Ryan David Jahn hat mich nach »Ein Akt der Gewalt«, seinem Debüt auf der Basis einer wahren Geschichte aus den 60er Jahren neugierig gemacht. In »Der Cop« greift er wieder ein Thema auf, das die Medien wochenlang beherrschte und skizziert die Verletzungen der Menschen,

denen auf Seiten der Bösen der Wahn Stichworte zum Verbrechen gibt, während auf der Seite der Guten der Wahn die vielleicht einzige Chance ist, das Schicksal zu ertragen.
Irgendwo dazwischen gibt es eine Grauzone, in der das Beil, abgehackte Zehen und Finger als Mittel der Selbstjustiz gerade recht erscheinen. Und das tun sie in ihrer Plumpheit eben nicht, selbst wenn Ian Hunts gleichfalls psychisch verletzter Kollege und Freund die Tat deckt. Unrecht gegen erlittenes Unrecht bewirkt noch lange kein Recht. Hier ist Ryan David Jahn dann doch zu großzügig, selbst wenn die Familiensolidarität rund um Henry Dean ziemlich kranken Hirnen entsprungen sein mag.
Trotz eines Lungenschusses und mit Katheter-Beutel für den Wundfluss macht sich Ian Hunt also mit schier übermenschlichem Willen auf die Jagd. In einer verlassenen Stadt kommt es schließlich zu dem vorhersehbaren Showdown. Fast so wie in einem klassischen Western, nur eben mit Präzisionsgewehren, die auch aus 1500 Metern ins Ziel treffen.
»Ein Akt der Gewalt« überzeugte durch die psychologisch feine Darstellung der Beteiligten und wird von beiden mein bevorzugtes Buch bleiben. »Der Cop« ist grober geschnitzt und auf das Handeln ausgerichtet. Mehr oberflächliche »Action« also statt eines ausgereiften »Thrills«. Der Verzicht auf das Filigrane in »Der Cop« beschleunigt die Erzählung; eine »thrillende« Jagd quer durch die Staaten stelle ich mir trotzdem anders vor. – Ich bin gespannt, wie sich Ryan David Jahn weiterentwickeln wird. – KEN.

Taschenbuch: 336 Seiten; Heyne Verlag, München;
ISBN: 978-3-453436-40-4

Ryan David Jahn
»Die zweite Haut«

Ryan David Jahn hat gute Chancen, einer meiner bevorzugten Thriller-Autoren zu werden. »Die zweite Haut« beweist, dass er elegant und mitreißend Schleifen schaffen kann, denen wir uns als Leser kaum mehr entziehen können: Was wäre zum Beispiel, wenn wir etwas auf zwei Weisen erleben und uns dabei selbst erlösen könnten?

Das Leben des anderen

Das klingt ein bisschen wie »Und täglich grüßt das Murmeltier« und ist doch ganz anders. Simon jedenfalls wird in diesem Thriller ein Rätsel lösen müssen, das in seiner tristen Umgebung keinen wirklichen Platz hat. Seinen Job auf der eher schattigen Seite des Lebens bekommt er einigermaßen gut hin. Sein Bedürfnis nach Nähe befriedigt er recht dürftig auf dem Heimweg von der Arbeit in den Kabinen schmuddeliger Pornokinos.

Simon lebt ohne Sinn und Ziel. Bestenfalls tut er etwas für die Gemeinschaft, wenn er in der Umgebung seiner Wohnung ein nervendes Graffito übermalt. Prompt erscheint kurz darauf an gleicher Stelle wie ein bedrohlicher Auftrag an einen Unbekannten der Schriftzug »Well, take him«. Tatsächlich ist so etwas wie der Höhepunkt in Simons traurigem Leben, dass er in seiner Wohnung überfallen wird. Doch Jeremy, der Täter, hat sich verrechnet.

Simon tötet Jeremy und hat neben dem unerklärlichen Mordversuch jetzt zusätzlich das Problem, die Leiche entsorgen zu müssen. Das bringt seinen faden, aber immerhin routinierten Alltag komplett durcheinander. Zu allem Überfluss gleicht er seinem gescheiterten Mörder wie aus dem Gesicht geschnitten. Auch die Kleidergröße passt. Um Jeremys Motiv herauszufinden, schlüpft Simon in dessen Rolle. Seine Frau oder seine Kollegen an der Universität ahnen irgendwie, dass »Jeremy« nicht mehr er selbst ist. Aber auf dem Campus gibt es andere, die sich dessen schon bald sogar sicher sind.

Auf dem Weg zur Lösung wird Simon dem Wahnsinn näher kommen, als er sich das jemals hätte vorstellen können. Vielleicht löst er das Rätsel erst, wenn er das Schicksal seines Doppelgängers teilt.
Ryan David Jahn erschafft in seiner Geschichte eine Atmosphäre wie der legendäre Jim Thompson in seinem Thriller »In die finstere Nacht«. Das ist ein sehr gutes, klassisches Niveau, auf dem Jahn weiter aufbauen kann. Vielleicht fühlt sich in den Jahren, die da noch kommen werden, ein weiterer Autor dadurch so sehr angeregt wie seinerzeit kein Geringerer als Stephen King von Jim Thompson. – KEN.

Taschenbuch: 320 Seiten; Heyne Verlag, München;
ISBN: 978-3-453437-54-8

John Grisham
»Das Komplott«

»Das Komplott« erinnert an die erfolgreiche Gangstertrilogie »Ocean‹s 11« bis »Ocean‹s 13« von Steven Soderbergh. Erst am Ende der Turbulenzen weiß man, wer mit wem zusammenarbeitet, wer Vorteile aus der Inszenierung des Komplotts zieht, wer zuschauen darf und wer darunter leiden wird.

Freiheit im Namen des Mörders

Malcolm Bannister, ein schwarzer Rechtsanwalt, wird unschuldig als kleines Rädchen im kriminellen Geldwäschegetriebe für zehn Jahre weggesperrt. Pauschal verurteilt, weil der Bundesrichter dazu einfach die Möglichkeit hat. Wenige Monate später reicht seine Frau die Scheidung ein, und auch die frühen Jahre seines Sohnes wird er verpassen. Im Gefängnis Frostburg berät er stattdessen Mitgefangene in Rechtsfragen und hält sich in der Bibliothek soweit möglich auf den neuesten juristischen Stand. Und er schmiedet einen Plan, denn fünf Jahre unschuldig im Gefängnis sind genug ...

Als Bannister von der Ermordung des Bundesrichters Ray Fawcett und seiner Assistentin liest, ist das der entscheidende Impuls, seine halb abgesessene Strafe zu beenden und das Gefängnis als freier Mann zu verlassen. Bannister kennt den Namen des Mörders und bietet dem FBI seine Hilfe bei den Ermittlungen an, im Tausch für die Freilassung, eine neue Identität und die Teilnahme am offiziellen Zeugenschutzprogramm.

John Grisham gibt seinem Helden eine klare Position zum Strafjustizsystem der USA mit: »Schwerverbrecher werden in Hochsicherheitsgefängnissen weggesperrt, wahren Festungen, in denen Gangs weit verbreitet und Morde an der Tagesordnung sind. Doch der größte Teil der in Bundesgefängnissen sitzenden Häftlinge ist nicht gewalttätig, und viele wurden wegen Verbrechen verurteilt, von denen sie nur wenige bis gar keine (...) begangen haben.«

Fragwürdig wie das Strafjustizsystem ist auch das Zeugenschutzprogramm, in das Malcolm Bannister nach seiner Aussage aufgenommen wird. Wer versteckt werden kann, kann auch entdeckt werden. Das ist nur eine Frage der Zeit, der Möglichkeiten der Gegner und des Grades an Korruption der betreuenden Instanzen.

Malcolm Bannister zieht alle Register, um die Ermittler im Mordfall Ray Fawcett von sich weg auf die richtige Spur zu lenken. Skrupellos, so scheint es, spielt er auch seine ehemaligen Mitinsassen gegeneinander aus. »Das Komplott« wird die wahren Mörder eines Bundesrichters überführen, für den die Rechtsprechung nur das Mittel zu einem besonderen Zweck war, bei dem er das Leben eines schwarzen Kleinstadtanwalts wie Malcom Bannister nahezu ohne Bedenken ruinierte.

Malcolm Bannister hat das Vertrauen in diese Justiz verloren. Wie sehr er nun das Recht in die Hand nimmt und wer am Ende seine wahren Freunde gewesen sein werden, entwickelt John Grisham auf eine erfreulich unterhaltsame Weise. Dass das soziale Umfeld eines Häftlings auf immer zerstört worden sein kann, ist die eine, schlimme Seite der Medaille. Malcolm Bannister bleibt initiativ und gestaltet sich einen neuen Freundeskreis für den Start in ein Leben als freier Mann. Und er wird einen eleganten Weg finden, sich diesen Neustart zu vergolden. – KEN.

Gebundene Ausgabe: 448 Seiten; Heyne Verlag, München;
ISBN: 978-3-453268-17-3

John Grisham
»Theo Boone: Der Überfall«

John Grisham ist ein äußerst vielseitiger Autor. Zunächst punktete er mit Rechts-Thrillern, inzwischen darf man ihn als Autor für den subtilen Humor ernstnehmen, und irgendwo dazwischen schafft er es in die Bücherregale der Kinder. Sein junger Held, Theo Boone, ist dieses Mal Großunternehmern auf der Spur.

Gegen Großunternehmer und Lokalpolitiker

Die Eltern Boone sind natürlich beide Juristen, ihr Sohn, als Apfel nicht weit vom Stamm gefallen, verbringt soviel Zeit in der Kanzlei wie andere auf dem Spielplatz oder beim Daddeln vor dem Computer. Er lässt es sich nicht nehmen, seine Freunde in Rechtsfragen zu beraten und riskiert dabei, manchmal eben auch selbst falsch behandelt zu werden.

Während eines Ausflugs als Pfadfinder wird er seiner Aufsichtspflicht nur schwach gerecht. Sein Leiter degradiert ihn, nachdem ein Kind aus seiner Gruppe von einer Schlange gebissen wurde. Immerhin bringt das diesen Jungen in die Schlagzeilen und macht ihn zum Star in den Social Media. Theo steckt das schweren Herzens weg.

Immerhin lernt er so die unberührte Natur kennen und setzt sich prompt für Freunde und deren Familien ein, die wegen einer Umgehungsstraße durch dieses Gebiet enteignet werden sollen. Die Großunternehmer und Lokalpolitiker sind ziemlich skrupellos, scheren sich nicht darum, Anwohner zu bedrohen und sogar einen Hund mit Tritten zu malträtieren, dessen Herrchen das Recht auf seiner Seite weiß: Theo Boone.

John Grishams Absicht ist klasse, soweit ich das einschätzen kann. Er erschafft einen Helden, der in einfachen Geschichten Kindern und Jugendlichen juristische Themen wie die Enteignung von Grundeigentum für einen vorgeblich gesamtgesellschaftlichen Nutzen vermittelt. Ich finde, er macht das durchaus kindgerecht, auch wenn er damit einen ätzend neunmalklugen Theo Boone in die Welt gesetzt hat. Dessen Eltern stehen natürlich pro und kontra zur Umgehungsstraße.

Der einzige Nachteil der Theo Boone-Reihe: Es ist immer amerikanisches Recht, das John Grisham uns näherbringt. Und das kann durchaus von dem seines jungen deutschsprachigen Publikums abweichen. Andererseits schärft Theo Boone die Sinne für Projekte wie sie in Stuttgart, Hamburg oder rund um irgendwelche erweiterten Flughäfen entstehen. Es wird auch in Deutschlang geschummelt und geschoben, damit über Jahrzehnte Großprojekte möglich werden, für die alle zahlen und von denen nur wenige wirklich profitieren.
Verschleierte Immobilien-Absichten gibt es hierzulande genau so wie in den USA. John Grisham ist ein Jurist, der die Kindlein zu sich kommen lässt. Man kann mit der Vermittlung eines Rechtsbewusstseins gar nicht früh genug beginnen. Da nehme ich die grobgeschnittenen Klischees gerne in Kauf. Für Kinder ab zwölf Jahren. – KEN.

Gebundene Ausgabe: 320 Seiten; Heyne Verlag, München;
ISBN: 978-3-453268-11-1

Pontus Ljunghill
»Der Mann im Park«

Am Ende von Pontus Ljunghill »Der Mann im Park« fühlte ich mich selbst 25 Jahre älter, ziemlich resigniert und – wie vermutlich auch Ex-Kriminalkommissar John Stierna – ziemlich verschaukelt. Punkt Mitternacht ist der Fall zwar gelöst, aber der Mord an der achtjährigen Ingrid verjährt.

25 Jahre danach ist die Jagd noch nicht vorbei

Pontus Ljunghill zwingt uns von Anfang an in ein düsteres, deprimierendes Szenario. In Stockholm wird 1928 die Tochter der allein erziehenden Maria Bengtsson auf einer stillgelegten Werft erschlagen. Es gibt Zeugen, die den Täter gesehen haben. Doch die Spuren, die Kommissar John Stierna ein Vierteljahrhundert lang immer wieder verfolgt und ihn dem Mörder näher bringen, sind lange Zeit diffus.

Nur langsam werden die Konturen des Mörders klar, sogar Mitgefühl mit dem Täter wäre möglich, und wenn nicht das, so doch die Bereitschaft, seine Motive nachzuvollziehen. Trotz einer verkorksten Kindheit hat nämlich auch er als Erwachsener kein Recht, das Leben eines fröhlichen Kindes zu beenden, indem er es mit dem Schlagstock eines Polizisten erschlägt.

John Stierna hätte sich auch etwas anderes vorstellen können als ein Kriminaler zu werden, irgendetwas, bei dem er seine Arbeit nicht mit nach Hause nehmen würde. So schärfte er seinen Kollegen ein, die Uniform nach Dienstschluss in der Station zu lassen. Aber er selbst ist verbissen, so sehr, dass sich Katarina, seine einzige große Liebe, von ihm abwenden und ihn in seiner Düsterkeit lassen wird. Er akzeptiert das, weil er nicht anders könne und seine Fälle ihn nicht loslassen.

Pontus Ljunghill hält diese Düsterkeit über mehr als 500 Seiten durch und beschreibt auf durchschnittlich 20 Seiten pro Jahr der Geschichte ein nahezu trippelndes Fortschreiten im Fall Ingrid Bengtsson. Während der Mörder seine Tat mit der frühen Sozialisierung begründet und ir-

gendwie in einen normalen Alltag gefunden hat, steht für John Stierna die Zeit beinahe still.
Stiernas Gedanken kreisen um den einen, ungelösten Fall, den anscheinend jeder Ermittler hat, wie ihm der Journalist Grönwall unterstellt. Dass er zwischen 1928 und 1953 irgendwann angeschossen werden, später seine Laufbahn beenden und stattdessen in einem Kriminalmuseum arbeiten wird, sind fast schon die Höhepunkte in Stiernas Leben bis zur Pensionierung. Plus dass er ab und zu in den Kneipen, in die er am Stock hineinhinkt, bis zur Sperrstunde Klavier spielen wird.
Der Mörder hat tatsächlich mehr Leben zerstört als das der kleinen Ingrid. Es hat diesen Umfang von »Der Mann im Park« gebraucht, um die Tristheit, die aus der Tat heraus folgt, nachzuempfinden. Ich gebe zu, dass ich dieses Grundgefühl aus Schweden, wo es geografisch bedingt ein halbes Jahr lang ohnehin ziemlich düster zugeht, ziemlich lästig fand. Ich hätte parallel dazu etwas Lustigeres lesen oder sehen sollen, aber da war gerade nichts. Im Kino kam nur der Western »Lone Ranger« mit Johnny Depp. Der war darin auch nur ein Pirat aus der Karibik mit Federschmuck und ohne Schiff. Und »Der Schuh des Manitu«, wo noch Karl May und »Made in Germany« drauf stand, war ja schon ...
Fast hätte ich angefangen, über den »Sinn des Lebens im Allgemeinen unter besonderer Berücksichtigung meiner eigenen Existenzform« nachzudenken. Dann schlug die Uhr zwölf mal, und der Mann im Park konnte unerreichbar vom Arm der Justiz sein Geständnis fortsetzen. Es war morgens und die Sonne ging auf. Irgendwo gluckste, frisch gewickelt und gestillt, ein Baby. Das Leben lohnt sich! Wie habe ich das die letzten 558 Seiten lang vermisst.
Und dann dachte ich an Pontus Ljunghill, den Kriminologen, Journalisten-Kollegen und Autoren von »Der Mann im Park«. Jahrelang habe er an dem Roman geschrieben, heißt es im Abspann. Alter Schwede, wie hast du das nur so lange ausgehalten? – KEN.

Broschiert: 560 Seiten; Heyne Verlag, München;
ISBN: 978-3-453268-38-8

Jürgen Wolff
»Perfides Spiel«

Walter Rosendorf recherchiert in Afghanistan für einen neuen Roman. Als wenn es dafür keine friedlicheren Ecken auf dem Planeten gäbe! Aber für einen weiteren Bestseller braucht es einen heftigeren Kick. Statt auf den erhofften Mohnfeldern und in den Opiumküchen landet er einem verbrecherischen Sumpf, der ihn – zurück in Deutschland – noch lange beschäftigen wird.

Nichts liegt ferne als das Naheliegende

Jürgen Wolff beginnt »Perfides Spiel« im Stil Tom Clancys, nur ohne dessen Vernarrtheit in Kriegsgerät, das niemand irgendwelchen fanatisierten Gotteskriegern in die Hände wünscht. Die haben mal wieder vor, deutsche Atomkraftwerke in die Luft zu jagen, flüstert Walter Rosendorf in Kabul ein Informant aus dem Umfeld der Friedenstruppen zu. Eines der letzten Geheimnisse, die der deutsche Offizier ausplaudert. Wenig später ist er tot, so etwa wie der einheimische Fahrer Rosendorfs, nur dass der vorher höchst professionell gefoltert wurde.

Rosendorf ist seitdem ein gefährlicher Mitwisser, nach dem Fahrer und dem Bundeswehrangehörigem der Dritte im Bund. Er besitzt haufenweise brisantes Material aus seinen Recherchen, wobei niemand weiß, was er darüber hinaus sonst noch wissen könnte. Zudem ist er wegen seiner früheren Bestseller dem deutschen Verfassungsschutz als fundierter Kenner der islamischen Welt bekannt und schon deshalb grundsätzlich verdächtig. Dann wird Rosendorfs Haushälterin ermordet, und die Geschichte läuft aus dem Ruder. Übrigens nicht nur für Rosendorf, sondern auch für Jürgen Wolff, wie ich finde.

Die Naivität, mit der Rosendorf in Afghanistan recherchiert – nur für seinen nächsten schriftstellerischen Kick –, ging mir schon bald auf die Nerven. Den erfolgreichen Autor müsste laut »Perfides Spiel« im Prinzip jeder kennen, das erwartet nicht nur Rosendorf. Als er wegen des Mordes an seiner Haushälterin bundesweit gesucht wird, berichten alle Medien über ihn, und die Polizeistationen werden mit seinem Konterfei plakatiert. Trotzdem kann er untertauchen und mit Unterstützung seines besten Freundes die Flucht in dessen Flugzeug vorbereiten. Das klingt dann fast schon wieder nach Tom Clancy – und ist doch sehr weit davon entfernt.

Das Attentat auf die deutschen Kernkraftwerke spielt viel zu bald keine Rolle mehr. Es ist Teil einer großartigen Inszenierung extrem Krimineller, die am Ende vergleichsweise geringe Werte für sich beanspruchen, Immobilien zum Beispiel. Für Geld kann man sich eben alles kaufen, damit noch mehr Geld dabei herauskommt.

Jürgen Wolff geht in seinem Roman von einer gewieften Kampagne aus, in der afghanische Krieger und ein erfolgreicher Schriftsteller nur die kleineren Rädchen im Getriebe sind. Sie werden benutzt, um Angst und Schrecken zu verbreiten – mit einem ganz anderen Ziel hinter dem Offensichtlichen. Und nichts liegt dabei ferner als gerade das Naheliegende. Das macht den Roman insgesamt dann wieder spannend: als »Perfides Spiel« eben. – KEN.

Broschiert: 325 Seiten; Südwestbuch Verlag, Stuttgart;
ISBN: 978-3-942661-49-2

Stefan Schweizer
»Ritter und die Al-Qaida«

Stuttgart gilt als eher behäbig und wird damit maßlos unterschätzt. Ist es vielleicht gerade deshalb eine Stadt, in der sich fanatisierte Moslems für ihren Anteil an paradiesischen Jungfrauen in die Luft sprengen könnten? »Sicher« ist nirgends. Auch da wo die Schwaben ihre Hauptstadt haben.

Terrorkatastrophe in der Landeshauptstadt

Das Staatsministerium als politisch motiviertes Anschlagsziel ist fast schon ein naheliegendes Motiv. Auch in Stuttgart dürfte der Staatsschutz schnell darauf kommen, denn dafür gibt es ihn schließlich. Und er ist sogar darauf spezialisiert, entsprechenden Hinweisen aus der »Szene« nachzugehen.

Alexander Ritter ahnt die tatsächliche Bedrohung neben der scheinbar offensichtlichen recht spät. Er hat schon einige Drogenkriminelle verhaftet und ist seit 2011 Kriminalhauptkommissar für den Staatsschutz – ausgestattet mit allen Klischees zu Vertretern seiner Art: arrogant, sexistisch, aggressiv. Er ist der Held in Stefan Schweizers Romanen und denkt oft genug mit Körperteilen, die statistisch gesehen nur unter anderem der Vermehrung dienen.

Mindestens das hat er mit seinem mutmaßlichen Gegenspieler von der al-Qaida gemeinsam, der sich nach den entsprechenden Ausbildungen in geheimen Camps das Recht und die Freiheit für Mord und Totschlag nimmt. Frauen sind kein Problem. Dass der geheimnisvolle Killer ihre Leichen vor laufender Kamera schändet, lässt in der »Szene« seinen Heiligenschein nur noch kräftiger leuchten.

Ich will gar nicht wissen, ob Stefan Schweizer mit seiner Fantasie über die Stränge schlägt. Es gibt in der Weltgeschichte zu viele Beispiele von Menschen, deren »Tötungssperre« tatsächlich restlos aufgehoben war. Die Religion hat dafür oft genug als Auftraggeber herhalten müssen.

Alexander Ritter versucht sich jedenfalls noch auf der Seite der Guten und folgt den Spuren von al-Qaida mitten in Stuttgart, das wo noch vor dem 11. September 2001 ein ziemlich friedliches Nest war, dessen Bewohner noch nicht gegen einen versenkten Bahnhof »demonschtrierten«, sondern wie mindestens seit Daimler und Benz friedlich vor sich hin schafften.

Jetzt also schafft da jemand vor sich hin, den Ritter einst wegen eines Rauschgiftdeliktes drangekriegt hatte und der seitdem massiv aufrüstete. Sein Widersacher kennt keine Skrupel. Er glaubt an Allah an seiner Seite – mit einem dauerhaften Freibrief für die Entscheidung über Leben und Tod. Auch in dem Jahr, in dem Stefan Schweizers Roman spielt.

Das Weindorf kommt alle Jahre wieder, so zuverlässig und planbar wie die Kehrwoche und Weihnachten. Wir ahnen schon recht früh, dass just dieses Weindorf anders werden soll. Und wir hoffen als Lesende, dass Ritter die Fäden sauber zusammenfügt – bevor dort wieder frisch eingeschenkt wird. Denn sicher ist nur, dass es nirgends sicher ist, wenn genügend unterwegs sind, denen du, ich und der Trollinger mit und ohne Lemberger echt egal sind. – KEN.

Broschiert: 271 Seiten; Südwestbuch Verlag, Stuttgart;
ISBN: 978-3-942661-41-6

Felicitas Gruber
»Die Kalte Sofie«

Sofie Rosenhuth, ehemals Polizistin, dann Rechtsmedizinerin bis zum Dr. med., kehrt nach partnerschaftlichen Wirrungen von der Berliner Charité zurück nach München. Dort sprechen sie so, wie auch ihr (Sofie Rosenhuth) der Schnabel gewachsen ist. Und dass hier wie dort gemordet wird, hält sie ordentlich beschäftigt.

Gemordet wird überall, auch in München-Giesing

Die »Kalte Sofie« heißt nicht ihrer Kundschaft wegen so, sondern weil sie zur Zeit der Eisheiligen geboren wurde. Aber auch so passt das, denn sie hat einen sprichwörtlichen Riecher für Verdächtiges, bei dem es am Ende um Leben und Tod geht. Wie zufällig bringt sie eine tote Maus auf einem Spielplatz schon bald auf eine entscheidende Spur. Auch wenn der Nager nicht zu ihrer normalen Klientel gehört, passt sein Zustand doch zu dem eines kleinen Mädchens, das mit einer schweren Vergiftung in einer nahen Klinik versorgt wird.

München-Giesing kommt den Krimifans auf derb bayrische Weise näher. Felicitas Gruber schreibt zumindest so, als würde sie dem Volk aufs Maul schauen. Das schadet der großen Kriminalistik überhaupt nicht. Im Gegenteil. Die Dialoge wirken auf mich als Nichtbayern unaufdringlich und sogar charmant – »Zifix!«

Die Kalte Sofie hat natürlich auch mit Männern zu tun. Einen hat sie gerade in Berlin gelassen, in München wartet ihr Ex Joe, mit dem ihre Tante Vroni sie liebend gerne wieder verkuppeln möchte. Ihm kann sie schwer ausweichen, da er bei der Mordkommission arbeitet und für seine Karriere dringend den nächsten großen Fall lösen muss. Aber es gibt auch noch den feschen Polizeireporter Charly, der Sofies Biochemie so ziemlich durcheinander bringt.

Dann tauchen Tierkadaver und mehrere Leichen auf, die einer jungen Frau zum Beispiel, und die Asche eines Menschen in einem abgefackelten Gartenhäuschen. Sofie Rosenhuth hat alle Hände voll zu tun. Dabei würde es schon reichen, dass sie sich nach dem Umzug aus Berlin wieder in München einlebt und ihre Bewerber sortiert. Solange jedoch die kinderfreundlich verpackten »Guttis« voller Liquid Ecstasy auf Spielplätzen und in Parks ausgelegt sind, hat das Vorrang. Ebenso das untrügliche Kribbeln in Sofies Nase: Wer ist der Täter? Und ist es wirklich nur einer? Für Felicitas Gruber ist das leicht gesagt, denn hinter ihr stehen zwei Autorinnen, die sich die Lorbeeren für diesen Kriminalroman teilen müssen: Brigitte Riebe ist promovierte Historikerin, arbeitete zunächst als Verlagslektorin und schrieb historische Romane. Gesine Hirsch, Kunsthistorikerin, arbeitete als Lektorin in einem Münchner Verlag und produzierte dann Filme. Auch als Drehbuchautorin für das Bayerische Fernsehen ist sie erfolgreich. Beide Autorinnen leben in München. – KEN.

Taschenbuch: 320 Seiten; Diana Verlag, München;
ISBN: 978-3-453356-87-0

Chris Morgan Jones
»Die Kunst des Sterbens«

Der iranische Milliardär und Kunstsammler Darius Qazai hat sich ziemlich verzockt und braucht Geld. Er engagiert die Firma Ikedu, das fragwürdige Weiß seiner Weste wieder weiß zu machen. Danach könnte er seine Investment-Firma verkaufen und wäre finanziell aus dem Schneider. – Mindestens sein Sohn wird bis dahin dran glauben müssen.

Der Preis fürs Investment ist nicht nur Bares

Qazai entpuppt sich als ziemlicher Angsthase, der für den teuren Schein alle täuscht, die jemals an ihn geglaubt haben – von seiner Tochter bis hin zu Ben Webster, der für eine global operierende Sicherheitsfirma ermittelt. Webster ist selbst kein Held, dem ich glauben würde, dass er sein Leben im Griff hat. Sein Ego ist geschwollen genug, das Wohl seiner Familie bequem zu ignorieren und sich dabei leid zu tun. Das macht es seinen Widersachern leicht, ihn in Dubai zu entführen – und zu foltern.

Darius Qazai scheint »lediglich« in einen internationalen Kunstschmuggel verwickelt zu sein, der in »Die Kunst des Sterbens« schon bald keine Rolle mehr spielt. Doch schon die Vermutung, er könnte wertvolles Kulturgut verhökern, reicht, die aktuelle Verkaufsabsicht für seine Investmentfirma scheitern zu lassen.

Und Qazai braucht das Geld. Denn dass er nur eine Marionette für weit skrupellosere Waffenschieber, islamistische Terroristen und die russische Mafia ist, mag er weder gestehen, noch hat er den Mumm, die Konsequenzen aus seinem Scheitern zu ziehen. Doch jedes Leben hat seinen Preis – auch seines.

Die Geschichte ist gut gemeint. »Der Lockvogel« als Vorgänger von »Die Kunst des Sterbens« war sicher eine Empfehlung, Chris Morgan Jones eine weitere Chance zu geben. Er hat zudem Erfahrung in der Beratung von global agierenden Unternehmen, Regierungen im Mittleren Osten, Bankern in New York, Londoner Investmentfonds, afrikanischen Minen-Unternehmen und russischen Oligarchen. All das garantiert jedoch keine frische, immer wieder spannende Geschichte, die den Ritterschlag Thriller verdient. »Die Kunst des Sterbens« ist schwer zu lesen – und leicht zu vergessen. – KEN.

Taschenbuch: 480 Seiten; Heyne Verlag, München;
ISBN: 978-3-453410-72-5

Hans Koppel
»Gequält«

Calle Collin versucht sich als Serien-Journalist an den Biografien von Menschen, die viel zu früh aus dem Leben gerissen wurden. Kent Svensson zum Beispiel, ein dreizehnjähriger Widerling, der seine Umgebung terrorisierte und dann im wahrsten Sinn des Wortes unter die Räder kam. 15 Jahre später können die Recherchen auch Calle Collin das Leben kosten.

Ein Mord, weiter nichts ...
Wäre die Geschichte nicht so schockierend und manchmal ziemlich blutig, dann wäre die Vermittlung vor allem über Dialoge ein reiner Genuss. Hans Koppel gelingt es, die Charaktere der Mitschüler Kent Svenssons und seiner Familie fast rein über das Gesprochene Wort zu zeichnen. Auch die Puffmutter Sara Vallgren und die ermittelnden Polizisten kommen uns so noch näher als über das tatsächliche Tun.
Sara Vallgren schlachtet kaltblütig auf ihrem Weg zu einer unantastbaren Königin der Unterwelt alles ab, was ihr über den Weg läuft. Dass ihr Geldbote Henk die Übergabe an seinen krebskranken Partner versemmelt, ist für sie nur eine weitere Möglichkeit, sich gleich am Anfang von »Gequält« auszuprobieren. Wie ein mexikanischer Drogenboss umschmeichelt sie ihr Opfer, endlich einmal etwas Richtiges zu tun, indem er sich vor ihren Augen die Knarre in den Mund steckt – und abdrückt.
Ein Leben mehr oder weniger, das macht Sara nichts aus. Auch mit Kent Svenssons Bruder Matte, der ihr als Schläger und Leibwächter zur Seite steht, vögelt sie nur. Ein Paar sind sie schließlich nicht. Und es wird mehr geben wie ihn.
So jagen die Ermittler hinter aktuellen Tätern hinterher, die sich ihren Fängen immer wieder entziehen. Währenddessen versuchen Calle Collin und der Kolumnist Anders Malmberg, ein früherer Klassenkamerad des einstigen Unfallopfers, das wahre Leben Kent Svenssons in die Öffentlichkeit zu bringen.

Es wird weitere Tote geben und Schuldige, die ein Leben lang litten, weil sie nicht länger gequält werden wollten. Sie haben sich einmal gewehrt und zahlen dafür im Stillen ihr ganzes Leben lang. – KEN.

Broschiert: 368 Seiten; Heyne Verlag, München;
ISBN: 978-3-453268-02-9

Elizabeth Haynes
»Wofür du stirbst«

Colin hat seine Fähigkeit zu kommunizieren, ziemlich drastisch ausgebaut. Um ihn herum mehren sich die Leichen, und hätte er nicht eine perverse Lust daran, ihre Verwesung zu dokumentieren, könnte die Polizei und Staatsanwaltschaft ihm nicht einmal einen Mord nachweisen. Das perfekte Verbrechen?

Ruhiges Wohnen, nette Nachbarn, ein erschreckender Tod

Die Fallanalytikerin Annabel Hayer stößt eher zufällig in einem benachbarten Haus auf eine stark verweste Frauenleiche. Die Frau scheint einfach verhungert zu sein. Niemand scheint ihr Gewalt angetan zu haben. Dabei ist sie nicht die einzige Tote, die das Leben irgendwie freiwillig aufgegeben haben. Schon bald geht die Polizei von mindestens 20 weiteren Fällen aus, Männer wie Frauen, junge und alte Menschen.

Gemeinsam haben sie, dass der freundliche, verständnisvolle Colin sie auf den letzten Lebensmonaten begleitet hat. Als Annabel Hayer nach dem Tod ihrer Mutter selbst in eine schwere Depression stürzt, droht ihr das gleiche Schicksal wie den Menschen in ihrer Fallakte. Nur ein befreundeter Journalist glaubt mir ihr daran, dass es sich hier um einen besonders raffinierte Art von Mord handelt.

Autorin Elizabeth Haynes erklärt nachvollziehbar, dass ein extrem dehydrierter Mensch irgendwann keinen Bedarf an Nahrung mehr hat und am Ende sogar freiwillig verdurstet. Allerdings haben wir normalerweise den Willen, uns dem entgegenzustellen. Hier setzt Colin an und bestärkt Menschen in schwierigen Situationen das Leben aufzugeben. Ihre Entscheidung sei in Ordnung und alles Weitere ganz einfach. Selbst die kritische Ermittlerin Annabel Hayer geht ihm auf den Leim – bis sie die verzweifelte Stimme einer Frau im Nachbarzimmer hört.

Ist es wirklich möglich, jemanden in den Tod zu reden? Elizabeth Haynes versucht zumindest, diese Möglichkeit in »Wofür du stirbst« offen

zu halten. Sie zieht dafür eine Wissenschaft der Kommunikation zurate, die es ohnehin immer wieder mit negativen Schlagzeilen in die Köpfe von Personalentwicklern schafft: das Neurolinguistische Programmieren (NLP).
NLP ist in den 1970-er Jahren von den Amerikanern Richard Bandler und John Grinder entwickelt worden. Sie wollten wissen, wie der Gestalttherapeut Fritz Perls, die Familientherapeutin Virginia Satir und der Hypnosetherapeut Milton H. Erickson selbst schwierigste psychische Störungen erfolgreich behandelten. Sie machten deren Strategien nicht nur Ärzten, sondern allen Menschen zugänglich, die sich für dieses ABC der Kommunikation interessierten.
Nun kann jedes Instrument für gute und schlechte Absichten genutzt werden. Beides wurde und wird auch mit NLP getan. Ob es ausreicht, Menschen in den Tod zu reden, bezweifelt selbst Elizabeth Haynes. Die Einsamen und Depressiven in ihrem Psychothriller hätten ohnehin schon mehr Gedanken damit verbracht, aus dem Leben zu scheiden als daran fest zu halten.
Leichtes Spiel also für Colin? Ich finde es schade, dass Elizabeth Haynes ihren Rückzug vom Vorwurf, NLP sei vor allem gefährlich, so spät nachreicht. Da Haynes selbst Fallermittlerin in England ist, sollte sie wissen, dass sie damit eine Meinung bestärkt, die eben nur eine Seite der Medaille ist. Die Entwickler des NLP haben die Hayne'schen Positionen leider mit zu verantworten. Gerade Richard Bandler gab mit Zusammenfassungen des NLP in Konzepten wie Design Human Engineering und Persuasion Engineering den Startschuss für jede Menge Fantasien rund um die Macht der Kommunikation. – KEN.

Taschenbuch: 480 Seiten; Diana Verlag, München;
ISBN: 978-3-453357-70-9

Jack Ketchum
»Lebendig«

Sara hatte sich gegen das Kind entschieden. Daran würden auch die demonstrierenden Abtreibungsgegner vor der Klinik nichts ändern. Während ihr anderweitig verheirateter Freund das Auto einparkt geht sie die letzten Schritte zu ihrem Termin – und verschwindet spurlos.

»Der furchteinflößendste Autor Amerikas.« – Stephen King

Was sich zunächst wie eine religiös motivierte Entführung anmutet, entpuppt sich für Sarah schon bald als der pure Horror. Sie verliert jede Hoffnung auf Hilfe von Greg, dem Vater des Kindes. Und auch die Polizei wird sie nicht aus den Händen ihrer Peiniger in ihrem Kellerverlies und von deren perverser Lust befreien können.

Jack Ketchum greift in seinem Roman wieder einmal tief in die Horrorkiste. Gerade die Medienberichte der letzten Jahre über Frauen, die zum Teil über Jahre als Sklavinnen gefangen gehalten wurden, ohne dass die Öffentlichkeit etwas davon erfuhr, machen »Lebendig« vorstellbar.

»Lebendig« manövriert auf erschütternde Weise zwischen werdendem Leben und der Bereitschaft zum Mord mit einer sadistischen Lust irgendwo dazwischen.

Saras Schicksal scheint aus einem Drehbuch für sexuell motivierte Folter abgeschrieben zu sein. Dagegen sind die fünfzig Schattierungen in Grau der E. L. James ein harmloses Aufwärmtraining. Einzig das werdende Leben in ihrem Bauch bestärkt sie darin durchzuhalten. Aber wird sie am Ende noch genügend Kraft haben, sich zu befreien?

»Lebendig« mutet unserer Fantasie einiges zu, erst recht, wenn wir selbst Schwangerschaften ohne zusätzliche Belastungen erleben durften. Jack Ketchum bricht hier mit einem Tabu und verlegt eine Zeit in die Hölle, die der Volksmund »gesegnet« nennt. Der Protest der Abtreibungsgegner taugt vor diesem Hintergrund schon bald nicht mehr als

Alibi. Dieser Konflikt wird auch das Paar an seine Grenzen führen, das nicht zum ersten Mal eine Frau entführte.

»Für jene, die selbst Horrorliteratur schreiben, ist Jack Ketchum ein Held. Um es einfach auszudrücken: Er ist der Beste in diesem Geschäft«, schreibt Stephen King. Diese Meinung teile ich nicht. Ich glaube aber, dass Jack Ketchum vor kaum einem Thema zurückschreckt, das – schlimm genug – genauso passiert sein könnte. Anders als die Medien schont er uns dabei in seiner Berichterstattung nicht. – KEN.

Taschenbuch: 224 Seiten; Heyne Verlag, München;
ISBN: 978-3-453676-58-9

Dean Koontz
»Abgrundtief«

»Gesteh dir deine Angst ein, du komischer Kautz. Furchtlosigkeit ist etwas für die Verrückten und Arroganten. Du bist keines von beidem.« – Als seine Gefährtin das zu Odd Thomas sagte, ahnte der Grillkoch nicht, dass die Angst auch in »Abgrundtief« einer seiner besten Ratgeber sein wird.

Eine Reise ins Herz der Finsternis

»Abgrundtief« erinnert zu Anfang an Stephen Spielbergs »Duell«. Ein unheimlicher Lastwagen macht Jagd auf Odd Thomas – oder umgekehrt. Schon bald wird es ein direktes Duell zwischen dem Fahrer des Lasters und dem über das Land trampenden jungen Mann.

»Ich heiße Odd Thomas. Ich sehe die Geister der verweilenden Toten.« – Das jedoch sagt eben nicht Odd Thomas, sondern einer seiner stärksten Gegner, seit die Abenteuer in der nunmehr sechsteiligen Reihe von Dean Koontz begannen.

Odd Thomas hat die Vision, dass der Lastwagen der Schlüssel zu einem barbarischen Mord an drei Kindern sein wird. Er hat die feste Absicht, das zu verhindern. In zahlreichen Rückblenden erfahren wir dabei Neues aus dem gemeinsamen Vorleben von Annamaria und Odd Thomas. In »Abgrundtief« dürfen wir als Leser uns dabei von einer streitbaren alten Dame unterstützt fühlen, die unsere Neugier auf diesen Odd Thomas teilt. Mrs. Edie Fischer – »Nenn mich Edie!« »Ja, Mrs. Fischer.« – heuert ihn kurzerhand als Chauffeur an. Sie nutzt die gemeinsamen Fahrten in ihrer Mercedes-Limousine für lange Gespräche über das Leben und die seltsame Begabung des Odd Thomas.

»Intuition ist die höchste Form von Wissen. Was wir von anderen lernen, kann durch diejenigen falsch gelehrt werden, die nicht einen Bruchteil der Kompetenz besitzen, die sie uns weismachen wollen, oder durch Propagandisten mit klaren Zielen«, sagt Odd Thomas. »Die Intuition dagegen ist angeboren und erstreckt sich auch auf die Naturgesetze und ein

Gefühl dafür, was richtig und was falsch ist.« – Odd Thomas wird neben seiner Angst in »Abgrundtief« auch seiner Intuition vertrauen müssen, um die drei Kinder zu retten. Er wird dabei entdecken, dass auch der Mörder zwischen den Welten wandelt wie er selbst.
Recht verwirrend. Aber das ist Teil des Mythos rund um Odd Thomas, der an manchen Tagen durchaus Zweifel an seiner eigenen Zurechnungsfähigkeit hat. Trotzdem vertraut er nicht einfach darauf, dass der Schlägertyp mit dem Schnappmesser lieb zu ihm sein wird, wenn er ihn nur wirklich nett behandelt.
Wie in allen Odd Thomas-Romanen wechselt Dean Koontz spielerisch zwischen den Wirklichkeiten, konfrontiert uns mit Gleichzeitigem und gleichzeitig unterschiedlichen Enden der gleichen Erlebnisstränge. Die Geschichte würde in Düsternis steckenbleiben, wären da nicht immer wieder die lebensfrohen Einlagen, für die Mrs. Fischer – »Nenn mich Edie!« »Ja, Ma'am.« – sorgt. Gemeinsam jagen sie mit satten zwölf Zylindern unter der Motorhaube durch die Staaten. Ein bisschen wie 1971 »Harold and Maude«, nur jugendfreier. Die resolute Alte tut Odd Thomas gut und damit auch den Lesern von »Abgrundtief«. – KEN.

Taschenbuch: 432 Seiten; Heyne Verlag, München;
ISBN: 978-3-453437-65-4

Carl-Johan Vallgren
»Schattenjunge«

Carl-Johan Vallgren (*1964) ist einer der beliebtesten Autoren Schwedens. Mit 23 veröffentlichte er seinen ersten Roman, er machte erfolgreich Musik und tingelte durch Europa. 2002 wurde er mit einer Liebesgeschichte für den »besten Roman des Jahres« ausgezeichnet. In »Schattenjunge« wollte er möglicherweise jedoch zu viel.

Spannend bleibt es und jederzeit unvorhersehbar

Die Klingbergs sind eine Wirtschaftsmacht im Land und eine Familie voller Geheimnisse. Vielleicht ist dies der Grund, dass 1970 eines der Klingberg-Kinder in den überfüllten Gängen der Stockholmer U-Bahn entführt wurde. 2012 verschwindet auch der nächste, längst erwachsene Sohn spurlos. Joel Klingberg hätte als Erbe das Familienimperium weiterführen sollen.

Carl-Johan Vallgren führt seine Leser nach und nach in die Geschichte der Klingberg-Dynastie ein: Kriegsgewinnler, frühe Formen der »Globalisierung« und außereheliche Beziehungen der Firmengründer. »Schattenjunge« hätte eine Familiensaga im Kleinen werden können, bleibt dann jedoch im Wesentlichen ein Thriller rund um einen freien Ermittler, der kaum etwas zu verlieren hat – und sogar der Hauptverdächtige werden wird.

Danny Katz kannte den verschwunden Joel aus der gemeinsamen Zeit in der Armee. Wegen der Freundschaft der beiden zueinander bittet ihn Joels Frau, ihren Mann zu suchen. Dafür wird Danny jedoch tiefer in die Familiengeheimnisse vordringen müssen, als es der aktuellen Firmenleitung lieb ist. Außerdem wird er Eva Westin wiederbegegnen, der zur Zeit ihrer gemeinsamen Drogenexzesse sicher niemand vorhergesagt hätte, jemals Staatsanwältin zu werden – eine ziemlich gute dazu.

Danny Katz und Eva Westin bekommen es nicht nur mit den Klingbergs zu tun, sondern auch mit der Angst vor Voodoo und der Wahrheit. Die ist

für die beiden ebenfalls ein Problem, denn nach ihrem gemeinsamen Leben auf der anderen Seite der Legalität wissen sie nicht, ob sie einander wirklich trauen können.
Familienimperium und nordische Saga, ehemals Kriminelle als Ermittler, Ermittler als mögliche Täter und schwarze Magie in Schweden – Carl-Johan Vallgren verspricht viel in »Schattenjunge«. Dass es ihm am Ende der vielen Geschichten in einer gelingt, die Fäden zu entwirren, ändert wenig daran, dass weniger möglicherweise mehr gewesen wäre.

Gebundene Ausgabe: 400 Seiten; Heyne Verlag, München;
ISBN: 978-3-453269-46-0

Simon Kernick
»Treibjagd«

Der skrupellose Expolizist Frank Keogh wird sich schon bald fragen, ob sein Gewehrschuss eines der Kinder getroffen hat, mit denen die sportliche Amanda Rowan in den schottischen Highlands auf der Flucht ist. Wenn nicht, geht die Jagd eben weiter. – Simon Kernick zu lesen, bleibt auch mit »Treibjagd« spannend.

In den schottischen Highlands kann es nur einen geben

Amanda kehrte früher nach Hause zurück, als ihr Mann George Rowan und dessen Geliebte Ivana Hanzha, Tochter eines steinreichen Russen, es erwarten konnten. Vielleicht hätte die »Überraschung« mit einer normalen Eifersuchtsszene enden können, wäre Amanda auf dem Flur zum ehelichen Schlafzimmer nicht dem Mörder des Liebespaares über den Weg gelaufen. Die Polizei vermutet schon bald, dass der berüchtigte Serienmörder mit dem Namen »The Disciple« die Tat begangen hat. Aber hatte der am Ende sogar Partner, mit denen er jetzt gemeinsam hinter Amanda her ist?

Die sportliche Frau flüchtet in eine Landschaft mit herrlichen Wäldern und Seen, in der sie zu jeder anderen Zeit vielleicht gerne Kanuferien gemacht hätte. So wie Jess Grainger, ihre Schwester Casey und deren Stiefeltern Jean und Tim. Die kleine Familie gerät uns Schussfeuer der Verfolger von Amanda. Die setzt ihre Flucht mit den Kindern fort und hat keine Ahnung, wie dieser Albtraum enden wird.

Und dann gibt es da noch den alten Besitzer des Calvay-Kanuverleihs, der sich nach den Schüssen im Wald Sorgen um seine Reisegruppe zu machen beginnt, und seinen Helfer Scopeland, der sich kaum noch daran erinnert, wann er zuletzt mit vollem Namen angesprochen wurde.

Scope ist ein ehemaliger Armeeangehöriger mit gutem Grund, jeden Kontakt zur Polizei zu vermeiden. Es ist ihm alles andere als recht, dass er in diese Geschichte mit hineingezogen wird. Aber wenn auf Freunde und Kinder geschossen wird, verschieben sich seine Prioritäten. Die Killer sind bald auch ihm auf den Fersen. Und sie haben noch einige Überraschungen parat.

»Treibjagd« lebt von Déjà-vus, die Simon Kernick geschickt neu anzuordnen weiß. Zwischendurch dachte ich an Hänsel und Gretel mit der dreizehnten Fee aus »Dornröschen« als Fluchthelfer und an Ma Dalton von »Lucky Luke«. Ein paar Klischeerussen tauchen ebenso auf wie der traumatisierte Soldat, der nach seinem Einsatz für Ihre Majestät auch in der Heimat verboten wehrhaft bleibt, wenn es um seine Angehörigen geht. Um herauszufinden, wer bei der »Treibjagd« am Ende zu den Guten gehören wird, dafür lohnt sich dieser Kurzurlaub mit Simon Kernick im schottischen Hochland allemal. – KEN.

Taschenbuch: 480 Seiten; Heyne Verlag, München;
ISBN: 978-3-453417-88-5

Stephen King
»Mr. Mercedes«

Ein Mercedes-Benz 600 L gehört zur Luxusklasse, mit genügend Gewicht und Kraft unter der Haube, um damit ziemlich viel Blödsinn anzurichten. »Mr. Mercedes« tut das und rast damit in eine Menge wartender Arbeitssuchender vor einer Stadthalle im mittleren Westen der USA. Er entkommt unerkannt – und will mehr.

Jeder will der Erste sein, und keiner rechnet mit Mord

Auch William (Bill) Hodges hat noch nicht genug. Der pensionierte Detective konnte den Fall um den Mercedes-Killer nicht lösen. Vor Gram und Langeweile denkt er im Ruhestand daran, sich das Leben zu nehmen, schließlich läuft im Fernsehen ohnehin nur Schrott. Dann ruft ihn Mr. Mercedes zurück ins leben, zynisch wie zuvor und mit der festen Absicht, sein ungesühntes Verbrechen sogar noch zu toppen.

Bill Hodges kann sich in diesem Duell außerhalb der früheren Polizeistruktur zunächst nur auf einen benachbarten Jugendlichen verlassen, der sich um seinen Garten und seinen Computer kümmert. Und auf Janey. Die Schwester der Mrs. Trelawney, Besitzerin des Unglücks-Mercedes, wird ihm zeigen, dass er auch als Mann plus 60 noch lange nicht zum alten Eisen gehört.

Während Bill Hodges die Herausforderung annimmt und den flüchtigen Spuren des Mr. Mercedes nachgeht, bereitet der seinen nächsten Coup vor. Gar nicht gut, denn wie seine eigenen Nachbarn, muss auch Bill Hodges davon ausgehen, dass sich der Mörder unauffällig bis unsichtbar »mitten unter uns« im Stadtviertel bewegt. Vielleicht sollte er dazu den freundlichen Eismann befragen, dem auf seinen Touren etwas aufgefallen sein könnte. .

Stephen King bleibt in diesem Roman auf dem Niveau eines eher normalen »Tatorts«. Er schmückt ihn mit sicherem Gespür für die Stärken und Schwächen seiner Helden zwischen Mitte des Lebens und frühem

Ruhestand nach allen Registern derjenigen Kunst aus, für die der Name Stephen King steht. Nicht alle, denen wir es wünschen, werden also mit dem Schrecken davon kommen.
Im Gegensatz zu Bill Hodges lernen wir Mr. Mercedes schon früh als Brady Hartfield, den freundlichen Eismann im Stadtviertel, kennen. Brady wird es auf dem Höhepunkt seiner »Karriere« mit einer Gegnerin zu tun bekommen, mit der er ganz sicher nicht gerechnet hat. Sie nennt es »Therapie«.
Gut 30 Jahre nach »Christine« ist Stephen King wieder dem Horror auf vier Rädern auf der Spur. Während der renovierungsbedürftige Plymouth Fury sich 1983 als Monster mit Eigenleben entpuppte, ist der aktuelle Luxus-Benz einfach nur ein Auto der gehobenen Klasse. Spannend dagegen sind die Menschen, deren Geschichte um dieses Auto herum spielt. – KEN.

Gebundene Ausgabe: 592 Seiten; Heyne Verlag, München;
ISBN: 978-3-453269-41-5

Stephanie Fey
»Die Zerrissenen«

Carina Kyreleis, Knochenexpertin und Meisterin der Gesichtsrekonstruktion in München, wird sich wieder ihren eigenen Gespenstern stellen müssen: frühere Fälle, die ihre privaten Beziehungen belasten. Wir werden zudem in die Zeit des Terrorismus durch die Rote Armee Fraktion (RAF) und geheimer Aktionen des Bundesnachrichtendienstes (BND) zurückgeführt.

Das Leben stirbt in der Sekunde

Stephanie Fey steigert im dritten Teil ihrer Carina-Kyreleis-Reihe ihre ohnehin schon erzählerische Dichte. Sie verlegt ihre Geschichte zunächst auf einen Münchner Friedhof, aus dessen Gräbern und Gruften nach einer regenreichen Nacht Leichen geschwemmt werden, die sich nicht mehr genau zuordnen lassen. Da ist die Expertin der Gerichtsmedizin gefordert. Und sie erkennt ein ziemliches Durcheinander. Jemand scheint sich an den Verstorbenen zu schaffen zu machen. Zudem tauchen Leichen auf, die offiziell weder registriert noch beerdigt sind.

Wir lernen einiges über unsere Friedhofskultur – aber nicht nur das. Dass es in diesem Umfeld Menschen mit recht drastischen Neigungen gibt, verschafft uns einen Zugang in die gruseligen Tiefen der menschlichen Seele, zu denen sich Stephanie Fey recht elegant und psychologisch differenziert durchgräbt.

Von diesem Aufmacher, der selbst schon spannend ist, setzt Stephanie Fey ihren Thriller fort, der mit »Die Gesichtslosen« und »Die Verstummten« eben nicht endete. Im Umfeld von RAF-Ermittlungen aus den 1990-ern, an denen Carinas Vater Matte Kyreleis beteiligt war, gibt es offene Posten, die in die Gegenwart hineinwirken. Der offiziell als Selbstmord deklarierte Tod seines Kollegen Kurt Krallinger scheint nicht der wahre Schlussakkord einer diffusen Symphonie um Agententätigkeiten und Terrorismus zu sein.

Carina Kyreleis versteht zudem noch immer nicht, wie sie bei einer Explosion und einem nachfolgenden Brand im Rahmen früherer Ermitt-

lungen mit heiler Haut davonkam. Sie erinnert sich lediglich vage, dass möglicherweise eine Frau ihr das Leben rettete. Und sie ahnt ebenso wie sie es hofft, dass diese Frau ihre leibliche Mutter sein könnte, die vor Jahren als Agentin nach Afghanistan beordert wurde – im Auftrag der Bundesregierung, was so nie veröffentlicht werden durfte. Und es scheint weiterhin einen Zusammenhang mit der RAF zu geben.
Das ist auch der Ansatz zu diesem Teil der Thriller-Trilogie. Stephanie Fey folgt den wenigen Hinweisen zu den afghanischen Mudschahidin gegen die russische Besatzungsmacht, bei denen es um Waffen ging. Dies sollte vom BND untersucht werden, um daraus Schlüsse für die nächsten militärischen oder diplomatischen Schritte zu ziehen.
Irgendwie sind daraus ziemlich gestörte Familienverhältnisse entstanden, die Carina Kyreleis in einen Beziehungsnebel katapultieren. Sie hat ein gebrochenes Verhältnis zu ihrem Vater Matte, möchte wissen, wer ihre wirkliche Mutter ist. Und sie wird nicht ganz freiwillig in das Leben ihrer mehr oder weniger hyperaktiven »Messie«-Schwester Wanda hineingezogen.
»Die Zerrissenen« ist für mich ein spannend verwobener Thriller. Wie in den vorhergehenden Bänden können wir ein überraschendes Showdown erwarten, bei dem endlich ein Teil der offenen Enden verknotet werden wird, wenn auch auf eine überraschend tragische Weise. Fast sollte man sich wünschen, dass aus der Trilogie ein Fortsetzungsroman würde. Auch das ist möglich. Wir dürfen vorerst zumindest verschnaufen und sind dabei auf eine bedrückende Weise ein bisschen schlauer, was das Leben nach dem Tod betrifft. – Ich persönlich finde das Leben vor dem Tod trotz all der Krimis im Übrigen auch ganz nett. – KEN.

Taschenbuch: 496 Seiten; Heyne Verlag, München;
ISBN: 978-3-453417-60-1

Gemischtes

Wie oben gesagt: Wegen der Germanwings-Katastrophe am 24. März waren die üblichen Themen plötzlich raus aus den Medien. Franz Kotteder, der in »Der große Ausverkauf« über das sogenannte Freihandelsabkommen, TTIP, berichtete, soll trotzdem gehört werden. Ich hänge auch Karl-Heinz Däke und die »Milliardenverschwender« mit dran. Die Beispiele des langjährigen Präsidenten des Bundes der Steuerzahler sind zwar schon D-Mark-alt, aber seine Skepsis gegenüber Volksvertretern, die großzügig Gelder verschleudern, ist weiterhin mehr als berechtigt.
Wir müssen nicht alles glauben, was »Vater« und »Mutter« Staat uns weismachen wollen. Das gilt auch für die Kindererziehung und Betreuungsangebote, die den Stempel »Freiheit« tragen, aber eher dazu geeignet sind, Familien zu zerstören. Das jedenfalls sagt Rainer Stadler.
Vielleicht lohnt es sich ja, ab und zu auf die Liste der eigenen Lebensträume zu schauen und das Unmögliche zu wagen, wie Emanuel Koch empfiehlt. Dann sind Lebensziele wie die der Hundeflüsterin Maike Maja Novak, »Die mit dem Hund tanzt«, möglich. Oder Sie schreiben ein Buch wie »Der Wahrheitsjäger« Tamer Bakiner über sich selbst oder Jürgen Ebertowski über den Johanniter-Orden auf Malta. Vielleicht wird daraus eine neue Crossfire-Reihe ähnlich der von Sylvia Day, die der offiziellen Lesart zufolge gleichzeitig an mehreren solcher Projekte arbeitet.
Da ist mir Rebecca aus der Künstlerfamilie Hohlbein dann schon sympathischer. »Das Mädchen aus dem Meer« liest sich wie aus einer Feder und nicht wie aus einem Konzern lediglich koordinierter Lohnschreiber, die auf dem Cover gar nicht erst auftauchen.

Franz Kotteder
»Der große Ausverkauf«

Das Freihandelsabkommen TTIP gehört zu den undurchsichtigsten Wirtschaftsprozessen unserer Zeit: Politiker beiderseits des Atlantiks verhandeln allem Anschein nach nicht für die Konsumenten, sondern über sie. Franz Kotteder bringt Klarheit in dieses Wirrwarr. Aber es wird dadurch nicht besser.

Das TTIP-Komplott und die Gefahr für die Demokratie

Freies Handeln und Partnerschaft wie in »Transatlantic Trade and Investment Partnership« (TTIP) klingt nach unbegrenzten Möglichkeiten und ultimativer Freiheit. Das dürfte unserem alternden Präsidenten Joachim Gauck gefallen. Soviel Freiheit ...

Franz Kotteder stellt die Frage, für wen genau diese Verlockungen gelten sollen. Denn wenn etwas hinter verschlossenen Türen verhandelt wird, das die Konsumenten auf zwei Kontinenten und vor allem Europa betrifft, dann ist dies mehr als berechtigt. Zumal die Bürger bestenfalls ein bisschen demonstrieren dürfen – als sollten sie mit dieser großzügig zugestandenen Beteiligung am Drehbuch ihr demokratisches Mütchen kühlen. Entscheiden dürfen sie nicht.

Franz Kotteder erklärt, welche Interessen Vertreter der Wirtschaft haben, dieses Abkommen durchzusetzen. Der Auftritt US-amerikanischer Fachleute und Lobbyisten in deutschen Talkshows zeigt, mit welcher Hochnäsigkeit die Qualitätsmaßstäbe des Verbraucher- und Datenschutzes in Europa dabei vom Tisch gefegt werden.

»Der große Ausverkauf« nennt Franz Kotteder sein Buch. Auch wenn er differenziert und noch immer nüchtern über sein Thema berichtet, wo Zorn angemessen wäre, bleibt am Ende doch, dass unsere Volksvertreter versagt haben. In den Verhandlungen über TTIP sind sie lediglich zum Diktat der Wirtschaftsdiktatur angetreten. Sie dürfen die jeweiligen Meilensteine dann dem Volk verkünden. Auch hier hatte ich immer wieder den Eindruck, dass sie propagandistisch eingespannt wurden und es oft genug darum geht, ob sie in der Zukunft weiterhin von der Wirtschaft geduldet werden. Ihr Auftritt zu TTIP wirkt immer wieder wie ein Vorsprechen oder eine Bewerbung für die Zeit nach der Abwahl oder dem Rücktritt.

Unter Ausschluss der Öffentlichkeit wird also über Schiedsgerichte entschieden, bei denen Richter, Kläger und Beklagte aus konzerneigenen Reihen stammen. Die möglichen Folgen solcher »Urteile« sollen dann aber von den Steuerzahlern getragen werden. TTIP macht ganz Europa zu einem Selbstbedienungsladen – vor allem für US-amerikanische Konzerne. Was sich der europäische Verbraucher über Jahrzehnte erkämpft hat, darüber wird nur zynisch gelächelt. Bedenken gegen »Fracking« und »Chlor-Hühner«? Was auch immer für US-Amerikaner gut genug ist, sollte es für Europa schon lange sein. Erst recht im Zweifelsfall soll man über Geschmack ja nicht streiten. Und Zweifelsfälle gibt es rund um TTIP genug.

Ich fürchte, dass all die Unterschriftsaktionen besorgter Bürger nichts bewirken. Auch sie dienen am Ende vor allem dem Zweck, den demokratischen Schein zu wahren. Franz Kotteder bestätigt, dass viele Befürchtungen wegen TTIP angebracht sind. Eine davon würde ich hinzufügen: Sein Beitrag wird schneller ein Geschichtsbuch sein als er und wir gucken können. Seit Erscheinen von »Der große Ausverkauf« im März 2015 gibt es genügend andere Katastrophen, die von TTIP ablenken und dem Abkommen dadurch in die Fänge spielen. Wir schauen auf Russland und die Ukraine, auf Griechenland, den Islamischen Staat und den schrecklichen Flugzeugabsturz in den französischen Alpen. Währenddessen werfen die Konzerne hinter unserem Rücken mühsam, aber sehr wohl demokratisch errungene Qualitäten auf den Müll und bestücken die Regale neu.

Trotz Franz Kotteders dankenswerten Bemühungen glaube ich, dass TTIP durchgesetzt wird. Ganz schleichend ändert sich danach unser Geschmack, über den wir nach wie vor nicht streiten werden – und ab jetzt nach US-Duktus auch gar nicht mehr sollen. Ohne dass wir ernsthaft dazu befragt würden, wird der gentechnisch verkrüppelte Mais Standard und »hire and fire« so normal wie die wirtschaftsmächtige Einkesselung oder Durchdringung unabhängiger Staaten und Staatengemeinschaften in Europa. Der jährlich viele Milliarden schwere Export von Waffen in Krisengebiete wird behandelt wie das Grundrecht jedes US-Bürgers, Waffen zu tragen und sie jederzeit auch zu benutzen. Gleichzeitig wird die Steuerbefreiung von US-amerikanischen Konzernen in Europa ausgebaut, die neuesten Smartphones werden immer weiter Pflicht, damit wir mitreden und unsere Daten mitgelesen werden können. Und wir werden die üblichen Einheits-Hamburger jenseits der Mindestlöhne weiterhin lecker finden.

Ich teile Franz Kotteders Absicht, uns mit diesem Buch wachzurütteln. Er ist nicht der erste, der dabei gegen Windmühlen kämpft, die längst außerhalb seiner Reichweite in irgendwelchen Nebenzimmern von konzerneigenen Trainees aus dem B-Kader der Nachwuchsförderung versorgt werden. Inzwischen fegt der eigentliche Tsunami von jenseits des Atlantiks an unserer Aufmerksamkeit vorbei über Europa hinweg. –

Nach der aktuellen (April 2015) Nachrichtenlage finde ich es ziemlich schwer, zwischen »Freunden« und »Feinden« zu unterscheiden. Die einen verstehe ich immer weniger, dafür die anderen immer besser. – KEN.

Franz Kotteder

»Der große Ausverkauf«

Broschiert: 208 Seiten; Ludwig Buchverlag, München;

ISBN: 978-3-453280-64-9

Karl Heinz Däke
»Die Milliarden-Verschwender«

Kaum zehn Jahre alt, fragte sich Karl Heinz Däke bis zum Direktor der Firma durch, in der sein Großvater nach dem zweiten Weltkrieg arbeitete. Er zeigte ihm eine Lampe an, die tagsüber in einer Werkshalle unnütz brannte und Energie verschwendete. Das wurde seine Mission fürs Leben. In Däkes Buch »Die Milliardenverschwender geht es allerdings um ganz andere Summen ...«

Sie werfen Steuergelder zum Fenster hinaus

Wenn Däke darüber berichtet, wie Beamte, Bürokraten und Behörden unsere Steuergelder zum Fenster hinauswerfen, dann kann er auf 40 Jahre Erfahrung beim Bund für Steuerzahler zurückgreifen. Kein Wunder, dass seine Beispiele immer wieder auch aus D-Mark-Zeilen stammen, als Stuttgarts Bürgermeister noch höhere Ruhestandgelder bezogen als die ehemaligen Bundespräsidenten.

Da werden Mehrkosten als Sparmaßnahmen deklariert, Millionen teure Planungen und Gegenplanungen finanziert, Projekte begonnen, verzögert oder abgebrochen. Die Kosten steigen in immer höhere Dimensionen, während die Bevölkerung bei den vielen Nachrichten immer weiter hilflos abstumpft. Vielleicht braucht es deshalb Menschen wie Karl Heinz Däke, der von 1994 bis 2012 als Präsident des Bundes der Steuerzahler den öffentlichen Vertretern und Verwaltern auf die Finger schaute. So unbequem das auch für die betroffenen Verschwender sein mag, so dient es doch allen.

Ich gebe zu, dass mich an dem Buch zwei Dinge stören. Einmal ist es die Vielzahl der Beispiele, die mich schon lange an das Gute meiner Volksvertreter und Volksverwalter im Umgang mit den Steuergeldern zweifeln lassen. Zum anderen stört mich, dass dieses Fass ohne Boden der Verschwendung ein Fass ohne Boden bleiben wird. Selbst Karl Heinz Däke wird nur einen Bruchteil der Verschwendungen identifiziert haben. Die Erklärung für die Großzügigkeit mit den Steuergeldern finde ich bei all dem wenig tröstlich: So ist es nicht das Geld der Steuergeldverwalter, das verschwendet wird. Die Dimensionen sind immer wieder so ungeheuerlich, dass niemand irgendwen realistischerweise zur Rechenschaft für die verplemperten Milliarden verantwortlich machen kann. Einmal leben die Entscheider irgendwann einmal ab. Zum anderen übersteigt ein Regress die faktischen Möglichkeiten eines jeden normal sterblichen Beamten oder Politikers.

So kann Wolfgang Schuster (Oberbürgermeister Stuttgarts bis Anfang 2013) bei einem öffentlichen Auftritt bequem sagen, er werde sich auch nach seiner Amtszeit für den Stuttgarter Bahnhof verantwortlich fühlen. Die Geister, die er rief, wird er jedoch niemals vertreiben können, denn es gibt kein Projekt dieser Größenordnung in Deutschland, dessen Kostendeckel jemals eingehalten worden wäre.

Mein Fazit: Wir brauchen mehr standhafte Menschen wie Karl Heinz Däke vom Bund der Steuerzahler, die den Überblick über die Verschwendung von Steuergeldern behalten – und die dabei den Wind ertragen können, der ihnen zweifellos entgegenweht. – KEN.

Gebundene Ausgabe: 256 Seiten; Heyne Verlag, München;
ISBN: 978-3-453200-22-7

Rainer Stadler
»Vater Mutter Staat«

Unsere Kinder haben vermutlich viele »Chancen« verpasst: Ihre Mama und ihr Papa hätten beide hauptberuflich Vollzeit arbeiten und den damals aktuellen Konsumstandard sichern können. Die beiden Kinder hätten eine »professionelle« Betreuung erlebt, statt Eltern, die sich auch noch eingebildet haben, ihre Kinder selbst erziehen zu können! – Zum Glück erteilt uns Rainer Stadler die Absolution.

Das Märchen vom Segen der Ganztagsbetreuung

Der Staat heute ermuntert junge Menschen dazu, die nächste Generation der Rentenzahler in die Welt zu setzen. Gleichzeitig sollen Väter wie Mütter – sozusagen höchst emanzipiert – Karriere machen können. Zum Dank sorgen »Vater« und »Mutter« Staat dafür, dass die Kinder das Neueste an Erziehung bekommen. Niemand ist nach diesem Modell für diese Vermittlung besser geeignet als professionelle Pädagogen, die vielleicht selbst (noch) keine eigenen Kinder haben, aber schon im ersten Berufsjahr wissen, wie man Kinder entsprechend ihrer individuellen Persönlichkeit fördert.

Diese Einstellung kam mir bereits verdächtig vor, als uns seinerzeit die Direktorin bei der Einschulung mit den Worten begrüßte, wir könnten uns glücklich schätzen, dass unseren Kinder endlich eine wirklich angemessene, professionelle Erziehung zuteil würde. Das war für meine Frau und mich ziemlich daneben: Wir haben unsere berufliche Laufbahn kürzer gefahren und uns die Pflichten an Heim und Herd jeweils halbtags geteilt. Wir mussten schon bald die Erfahrung machen, dass zwei halbe Gehälter kein ganzes sind, aber das war uns egal. Wir waren für unsere Kinder da und haben sie individuell betreuen können – plus die ganze Bande »elternloser« Kinder, deren Papa und Mama arbeiten waren, weil »es sonst nicht gereicht hätte« – für den nächsten Urlaub und den neuen Fernseher, einen flachen bitte.

Rainer Stadler tutet heute wohltuend in unser Horn. Vater und Mutter Staat propagieren eine Gleichberechtigung, die vorrangig auf die berufliche Karriere setzt. Nach Schwangerschaft und Geburt sollen Eltern die »Freiheit« haben, möglichst schnell wieder zu 100 Prozent zu arbeiten. Sie sehen ihre Kinder nach Feierabend wieder, zur Märchenstunde, bei Zahnweh und Kinderkrankheiten, falls nicht auch diese Störungen professionell »ver-« sorgt werden. Solche Zeiten sind allerdings kostenintensiv, weil die Kleinen dabei nichts lernen. Da dürfen die Eltern dann Eltern sein.

Statt dass sich zwei Menschen um ihre eins bis drei und mehr eigene Kinder kümmern, gibt es Krippengruppen oder Ganztagsschulen, in denen ein Pädagoge sich mit einer Vielzahl von Kindern beschäftigt, zu denen er eine professionelle, distanzierte Haltung wahren kann – und häufig sogar muss, um selbst nicht unterzugehen. Es liegt nahe, dass dieses Betreuungskonzept die elterlicher Nähe ausspart. Rainer Stadler schließt sehr gut, differenziert und (!) entsprechend energisch: Die »moderne« Art der Betreuung von Kindern ist nicht geeignet, den »Wert« der Familie zu fördern.

Die Parteien scheinen nach Rainer Stadler durchweg vor wirtschaftlichen Prioritäten zu kapitulieren, die nur scheinbar etwas mit dem Wohl der Kinder zu tun haben. Gleichzeitig entmündigen sie Eltern, sich an den Kindern und mit den Kindern zu entwickeln. Auch das wäre nämlich möglich, ist aber politisch nicht vorgesehen.

Rainer Stadler wettert dagegen, dass viele heutige Lösungen als fortschrittlich und qualitativ besser für die Kinder angepriesen werden. Mütter wie Väter können sich unabhängig voneinander und vor allem unabhängig von den Kindern (!) eine berufliche Existenz aufbauen. Bei diesem Credo wird jedoch übersehen, dass Gleichberechtigung genauso besteht, wenn Männer zugunsten der beruflichen Laufbahn ihrer Partnerinnen in angemessenem Maße auf Karriere verzichten würden, ohne deswegen als eine andere Art von »Herdprämie« aufs Abstellgleis geschoben zu werden. »Gleichverzichtigung«, wie ich es nenne, wäre schließlich auch eine Form der Gleichberechtigung von Mann und Frau. Beide können sowohl am Band wie auch am Herd stehen. Leider wird Eltern durch politisch gewollte Alternativen das Recht genommen, sich mit ihren Kindern auseinanderzusetzen, also wirklich Eltern zu sein.

»Vater Mutter Staat. Das Märchen vom Segen der Ganztagsbetreuung – wie Politik und Wirtschaft die Familie zerstören« ist meiner Meinung nach ein ziemlich wahres Buch. Kinder sind für die Wirtschaft ein Kollateralschaden, den die Politik fragwürdig auszugleichen versucht. Der Staat segelt unter der Flagge der Gleichberechtigung im Meer der Wirtschaft und vergisst, dass Männer und Frauen auch als Eltern »Karriere« machen könnten, um ihrer Bestimmung für die Menschheit gerecht zu werden. Und den Kindern täte es ebenfalls gut.
Rainer Stadler drückt seine Position auf über 260 Seiten ausführlicher aus. Es lohnt sich, ihn zu lesen und sich mit den Widersprüchen von Betreuungsangeboten, politischem Engagement für die Familien und dem »Wert« der Familie, wir er uns nahe gebracht wird, zu beschäftigen.
Ich gebe zu, dass mich das Buch traurig hinterlässt, aber das geschieht nicht zum ersten Mal, seit ich über unsere persönlichen »emanzipatorischen« Bemühungen und Konsequenzen nachdenke. Ich bin davon überzeugt, dass Vater und Mutter nicht nur eine Pflicht haben, sich persönlich um ihre Kinder zu kümmern, sondern dass es auch eines ihrer wichtigsten Rechte ist. Väter und Mütter werden stattdessen zunehmend dazu gedrängt, »professionelle« Angebote zu nutzen und sich herzhaft abwerten zu lassen. Die öffentliche Diskussion über fehlende Betreuungseinrichtungen lenkt davon ab, dass Eltern aufgeben, was ihnen auch nach dem Berufsleben rückwirkend als wichtiger, vielleicht sogar als wichtigster Lebenssinn erscheinen könnte. – KEN.

Rainer Stadler

»Vater Mutter Staat«

Gebundene Ausgabe: 272 Seiten; Verlag: Ludwig Buchverlag, München;
ISBN: 978-3453280-61-8

Emanuel Koch
»Und täglich grüßt dein Lebenstraum«

Angst, so kommt es mir bei meinen Klienten immer wieder vor, speichert eine Menge Energie. Diese Energie reicht oft, einen unerwünschten Zustand zu verteidigen und mit voller Kraft auf die Bremse zu treten, wenn dadurch Veränderungen vermieden werden können. Emanuel Koch zeigt, wie wir diese Energie für etwas freisetzen, wovon wir bisher nur zu träumen wagten.

In fünf Schritten zur Erfüllung

Eine böse Frage am Ende unseres Lebens könnte sein, ob wir unsere Möglichkeiten wirklich ausgeschöpft oder wie in einem Gleichnis der Bibel unsere Talente (scheinbar risikofrei) verbuddelt haben: Leben wir unter unseren Möglichkeiten? Oder ist das Gegenwärtige bereits unser Lebenstraum? Zwar scheint oft das Träumen selbst schon bedrohlich zu sein, weil es Lücken in unserem Alltagsdasein aufzeigt. Aber mit ein wenig Mut klappt ein Schritt nach dem anderen, bis das einst nur Gedachte wie am Anfang nur das jeweilige Wort wirklich in dieser Welt und der Lebenstraum erfüllt ist.

Emanuel Koch ist Unternehmer, Musiker und Unternehmensberater. Irgendwann wollte er über seinen Weg auch vor Publikum sprechen. Das tun andere auch: Unternehmer und Unternehmensberater, die erfolgreich und unterhaltsam über den Stein der Weisen zum Thema Leben oder Gelebt werden referieren. Meistens geht es um so etwas wie die Auferstehung aus den Ruinen: Die Tradition der »Heldenreise« schreibt das vor, und beim Publikum kommt das immer gut an. Da viele Zuhörer panische Angst vor Niederlagen haben, hören sie gebannt auf das, was nach dem Fall zu neuem Mut führen könnte und oft genug stattdessen Hochmut bewirkt. Emanuel Koch wollte jedoch, wenn schon, dann mit einem Alleinstellungsmerkmal auftreten, eine Mischung von Vortrag über Persönlichkeits- und Unternehmensentwicklung und ihm selbst dabei als »Mann am Klavier«.

Ich finde, dass es sich lohnt, Emanuel Kochs gedanklichen Weg in »Und täglich grüßt dein Lebenstraum« mit zu verfolgen. Er hat sich die fünf Schritte bis zur Erfüllung seines Lebenstraumes mit den Jahren auch praktisch erarbeitet. So präsentiert er mehr als nur eine Geschichte für einen unterhaltsamen Abend. Für ihn war es beispielsweise ausschlaggebend, auch unangenehme Emotionen im Lauf des Prozesses zu akzeptieren und sie als Energielieferanten sogar willkommen zu heißen. Emanuel Koch fasst diese Emotionen vor allem unter dem Begriff Angst zusammen, was ich ein bisschen zu einfach finde. Aber die Richtung stimmt: Wir könnten beispielsweise scheitern, oder Freunde halten unseren Lebenstraum für dermaßen abgehoben, dass sie sich von uns abwenden.

Ein Weg aus der Angstfalle heraus ist nach Emanuel Koch vor allem das Bekenntnis zu den eigenen Werten. Was ist einem also wichtiger als die eigene Angst?

Im Dritten Schritt geht es darum, den eigenen Lebenstraum in einem geschützten Rahmen schon einmal auszuleben und sich mit der zukünftigen Identität anzufreunden. Vielleicht machen die Erfahrungen gewisse Anpassungen für unseren Lebenstraum erforderlich. Zumindest bekommen wir ein Gefühl dafür, wie sich unser Lebenstraum auf unser vertrautes Umfeld auswirkt. Das beugt dann der nächsten Schleife in der Angstspirale vor.

Danach geht es nur noch darum, den Moment festzusetzen, ab dem wir den Lebenstraum leben – mit allen Folgen für unser bisheriges Dasein. In dieser Phase sollte uns ein Abbruch unseres Planes noch schrecklicher vorkommen als die ursprüngliche Angst vor dem allerersten Schritt. Emanuel Koch nennt das Gegenangst.

Im fünften Schritt gilt es, den Plan kontinuierlich weiter in die Tat umzusetzen und sich darüber zu freuen, dass wir selbst uns – und vielleicht auch die Welt um uns herum – sich dadurch verändern. »Danach werden Sie sich großartig fühlen und neue Stärken und mehr Mut mitnehmen können für Ihren weiteren Lebensweg«, schließt Emanuel Koch sein Fünf-Schritte-Programm.

Tatsächlich hat er sich mehr als einen Lebenstraum mit seiner Strategie erfüllt und berichtet darüber jetzt in seinen Vorträgen. Im Kern plädiert er für einen ressourcevollen Umgang mit Emotionen. Gerade unangenehme Gefühle sind ein starker Motivator und möglicherweise die eigentliche Triebfeder für ein erfülltes Leben.

In seinem Buch geht Emanuel Koch auch darauf ein, dass viele Träume am eigenen Zögern scheitern, an schlecht formulierten Zielen und halbfertigen Konzepten, die bestenfalls dazu dienen, die eigene Umgebung zu nerven. Oder wir rechtfertigen damit, vorsichtshalber doch nichts im Sinn des eigenen Lebenstraums getan zu haben.

Emanuel Koch glaubt, dass die Welt hauptsächlich eine »logische« ist und wir erst lernen müssen, unsere Emotionen zu akzeptieren. Das glaube ich zwar nicht, aber wenn darauf ein offeneres Bekenntnis zu Werten entsteht, die jeder auf seine hoffentlich sozial verträgliche Weise zu erfüllen sucht, dann bin ich damit einverstanden. Was ich in dem Buch vermisse, ist in diesem Sinn ein systematischer Zugang zu persönlichen Werten. Den gibt es tatsächlich, aber das ist eine andere Geschichte.

Am besten starten wir bis dahin durch, schreiben endlich unser Buch, besteigen Berge, auf die wir schon immer wollten, und bewerben uns auf die Stelle, mit der wir bis zum Ende unserer beruflichen Laufbahn glücklich sind, selbst wenn wir dann etwas weniger verdienen. Was auch immer der persönliche Lebenstraum ist: täglich eine Befürchtung mehr dazu abzulegen und ein bisschen dafür zu tun, das entfacht wunderbare Energien, die uns auf jeden Tag neugierig sein lassen. – KEN.

Emanuel Koch
»Und täglich grüßt dein Lebenstraum«
Broschiert: 180 Seiten; Patmos Verlag, Ostfildern;
ISBN: 978-3-843605-83-0

Maike Maja Nowak
»Die mit dem Hund tanzt«

Maike Maja Nowak »spricht« mit den Hunden wie ein Leithund – und verhält sich auch so: »Bei all den Alibibehauptungen, warum ein Hund wegen seines Triebes oder seiner Rasse nicht kontrollierbar ist, wird immer vergessen, dass ein Leithund oder seine Hundemama denselben Hund sehr wohl kontrollieren könnte.«

Tierisch menschliche Geschichten

Dieser Schlüssel zur Hundeseele beruht auf sehr genauen Beobachtungen und der Bereitschaft, die Menschen aus den Augen eines Hundes zu sehen. So lernen wir von der Hundetherapeutin und ihren Fallgeschichten eben nicht nur etwas über die Hunde, sondern vor allem auch etwas über die Menschen am anderen Ende der Leine.
Manchmal sind es skurrile Begegnungen, wie mit dem Dackel Benny, der pünktlich zur Tagesschau zubeißt. Oder die mit dem Krabbelkind, das alleiniger Chef im Haus mit Hund ist. Und wir lernen Hundehalter wie das Ehepaar kennen, dessen beide Hunde die Beziehung von Herrchen und Frauchen nur zu perfekt spiegeln. Ich habe manchmal herzlich gelacht – und war manchmal genauso berührt vom Schicksal der Hunde, die so sehr Opfer der Menschen geworden sind.
Wie beruhigend ist es da, eine Hundepsychologin und Verhaltenstherapeutin für Hunde kennen zu lernen, die gleichzeitig auch Menschen psychologisch heilpraktisch begleitet. Da darf der Hund sein Dasein als konditionierte Maschine ablegen und eben wieder Hund sein.
Maike Maja Nowak gründete in Berlin das Dog-Institut. In ihren Trainings orientiert sie sich an Wanja, den Leithund eines zehnköpfigen Hunderudels, den sie während ihres Aufenthaltes von 1991 bis 1997 in dem russischen Dorf Lipowka erlebte. Ich selbst konnte ihre Beschreibungen wunderbar nachvollziehen, nachdem ich den Tierarzt und Schlittenhundeführer Andreas Querengässer – früher Amönau bei Marburg, heute Schweden – erlebt habe. Er führte sein Rudel mit elf Hunden mit abso-

luter Bestimmtheit und Kommandos in der Lautstärke eines romantischen Abendessens. Ich war beeindruckt. Und Dank Maike Maja Nowak verstehe ich jetzt auch, warum.

Die Autorin kommt mit zwei simplen Kommandos aus und führt ansonsten durch eine eindeutige Körpersprache. Kein Schnickschnack, dafür das freundliche Angebot eines Miteinanders, in dem der Mensch deutlich macht, wer Erster unter mehr oder weniger Gleichen ist.

Die Beschreibungen ihrer Kunden konnte ich als Coach und Therapeut gleichfalls gut nachvollziehen. Auch wenn nur wenige meiner eigenen Klienten Hunde haben, prägen auch sie mit ihren Stärken und Schwächen ihre Umgebung – oder werden von ihr ins Leiden geprägt. Maike Maja Nowak zeigt in ihren einfühlsamen Geschichten, was die Tiere widerspiegeln und ertragen müssen, bis sie mit etwas Glück auf jemanden treffen, der mit seinem eigenen »inneren Tier« genügend Frieden geschlossen hat, um einem Hund ein angemessenes Rudelmitglied zu sein. – KEN.

Gebundene Ausgabe: 256 Seiten; Mosaik Verlag, München;
ISBN: 978-3-442392-12-4

Sylvia Day
»Crossfire 4: Hingabe«

Sylvia Day setzt in »Crossfire – Hingabe« ihre Liebesspiele rund um den steinreichen Unternehmer Gideon Cross und seine inzwischen angetraute Eva Tramell fort. Das Ja-Wort an einem privaten Strand heißt dabei noch lange nicht, dass sie zu allem Ja gesagt hat, was ihn betrifft. Und Fesselspiele sind halt so eine Sache.

Ist ihre Zukunft ein immer fernerer Traum?
Sylvia Day lässt uns wieder eifrig durch das Schlüsselloch schauen, wenn ihre Helden Eva und Gideon miteinander »rummachen«: im Schlafzimmer, in der Dusche, im Auto und im Büro – das kennen wir schon aus den ersten drei Bänden. Dort ging es weniger um die Konflikte der Reichen und Schönen im Stil der früheren TV-Serien »Dallas« und »Denver«, als vielmehr um oral, genital und schließlich anal. Für Gideon Cross, der als Kind von seinem Psychotherapeuten missbraucht wurde, war das Lust, Hölle und Albträume bis in die Gegenwart zugleich.
Die Natur hat Gideon Cross mit allem bestens ausgestattet, was einen fantastischen Liebhaber ausmacht, plus anscheinend einer Samenblase, die sich niemals zu erschöpfen scheint. Wie kann Autorin Sylvia Day all das toppen, damit ihre internationale Fangemeinde, die über eine TV-Verfilmung der Reihe spekuliert, sich nicht doch noch langweilt?
Noch immer baggert der Rockstar Brett Kline Eva an und droht wieder mit der Veröffentlichung des schmutzigen »Goldenen Videos«. Noch immer ist die uneinsichtige Corinne scharf auf Gideon und therapiert sich angeblich selbst mit einem Buch über die gemeinsame Affäre. Evas ehemaliger Mitpatient und schwuler Untermieter kümmert sich weiter um seine Beziehung(en), während Evas Vater und Gideons Mutter sich darum bemühen, eine einerseits angemessene und andererseits »standesgemäße« offizielle Hochzeit für die beiden leidenschaftlich Liebenden zu organisieren.

In »Hingabe« bringt Autorin Sylvia Day ihrem Traumpaar Fesselspiele bei. Selbst für Eva sind sie eine neue, erschreckende Alternative und dann das Maß aller Dinge für Vertrauen. Anders als für ihre Kollegin Megumi und deren sadistischen Partner gibt es für Eva das berühmte Stoppwort: »Crossfire«. Es macht gerade in »Hingabe« viel Sinn.
Ob Eva und Gideon, die sich faktisch erst seit mehreren Monaten und drei »Crossfire«-Bänden kennen, wirklich einmal eine normale Beziehung führen werden? Wahrscheinlich wäre diese erotische Romanreihe dann nicht mehr interessant. Ihr Paartherapeut Dr. Petersen bestätigt den beiden zunächst einmal Fortschritte. Aber sie sind noch lange nicht »geheilt«. Bei aller Leidenschaft rasten sie auch dieses Mal immer wieder aus wie seinerzeit Richard Burton und Liz Taylor, um schon bald wieder aufeinander zuzufliegen und sich heftigst in der Körpermitte zu treffen. Sylvia Day hat sich dafür entschieden, dass es um Eva Tramell und Gideon Cross spannend bleiben soll. Noch sind nicht alle Liebesspiele ausgeschöpft und allmählich schleicht sich der Gedanke ein, dass all die Verhütungsstrategien, die in den »Crossfire«-Romanen bisher kaum eine Rolle spielten, auch einmal versagen könnten.
Solange die beiden sogar kurz vor der nachgereichten offiziellen Heirat einen Beziehungsboykott wagen, ist das eine ziemlich belastende Vorstellung. – Wir werden den fünften Band der »Crossfire«-Reihe brauchen, damit wenigstens ein paar der losen Enden abgebunden werden. – KEN.

Taschenbuch: 480 Seiten; Heyne Verlag, München;
ISBN: 978-3-453545-78-6

Jürgen Ebertowski
»Der letzte Großmeister«

Als Captain Cook im 18. Jahrhundert in den Hafen von La Valetta einfuhr, schwärmte er von den unglaublichen, pastellartigen Farben Maltas. Diesen Eindruck können Reisende noch immer erleben. Längst erloschen dagegen ist die Herrschaft der Ordensgroßmeister, von der Jürgen Ebertowski in »Der letzte Großmeister« berichtet.

Napoleon auf Malta; der Großmeister muss fliehen

Die Geschichte beginnt mit einer Schilderung des Alltags der Weinhändler Camilleri, die angesehen genug sind, die Herrschenden der Insel zu beliefern. Allerdings nicht angesehen genug, dass diese auch den Wein rechtzeitig bezahlen, der zum Teil mit Schiffen von weit her herantransportiert werden muss, aus Bordeaux zum Beispiel oder von Zypern.
Als das greise Oberhaupt vom Orden des Heiligen Johannes zu Jerusalem stirbt, nutzt die Familie Camilleri ihre Kontakte und den Hinweis auf die ausstehenden Zahlungen: Sie würde weiterhin Wein liefern. Dafür soll Paolo, der Sohn des Hauses Camilleri, als Page in die Dienste des Fra Ferdinand von Hompesch gestellt werden, der ab jetzt über Malta herrschen würde. Dem ersten deutschen Oberhaupt der Johanniter wird ein einigermaßen anständiges Geschäftsgebaren unterstellt. Immerhin.
So nah am Puls der Macht, bekommt der junge Paolo die Unruhe am Hof mit, als Napoleon Bonaparte mit seiner Flotte auf dem Weg nach Ägypten Malta im Handstreich nimmt. Die Tage Fra Ferdinand von Hompeschs und der Johanniter auf Malta sind 1798 gezählt. Innerhalb einer Woche krempelt der Korse die Verwaltung der Insel um, die den Ordensrittern seit 1566 unter anderem als Station auf der Reise in das Heilige Land diente. Mehr als zwei Jahrhunderte waren sie dafür ausschließlich dem Papst rechenschaftspflichtig.
Der Bevölkerung Maltas und seiner vorgelagerten kleinen Inseln Comino und Gozo ging es unter den Johannitern schon recht gut. Vielleicht

hofft die Bevölkerung trotzdem auf Verbesserungen nach der Französischen Revolution. Sie wird jedoch bitter enttäuscht und betet nun um die Befreiung durch eine andere Macht. 1800 schlägt Admiral Nelson die Französische Flotte. Malta dümpelt jahrelang wie ein Schiff mit gebrochenem Mast in der politischen See. Erst 1814 wird es offiziell britische Kolonie.

Jürgen Ebertowski beginnt seine Geschichte mit einer schönen, volkskundlichen Beschreibung des Alltags der Familie Camilleri. Das finde ich sehr gelungen. Je mehr sich Paolo jedoch dem Hof nähert, um so mehr nimmt der Anteil an nur schwach mit den Camilleri verbundenen Zahlen, Daten, Fakten zu, bis hin zu umfangreichen Korrespondenzen, von denen unklar bleibt, ob sie »nur« historisch wirken oder tatsächlich belegt sind. Trotz des historischen Abrisses im Anhang, dem ebenfalls Quellen gut getan hätten, bleibe ich als Leser irgendwo zwischen Fiktion und wissenschaftlichem Anspruch hängen. Schade eigentlich: »Der letzte Großmeister« beginnt so schön und verliert dann doch die Schlacht gegen die Fußnoten.

Am Zauber der Insel Malta mit den dazugehörigen Inselchen Gomino und Gozo ändert das freilich nichts. Das Kleinod im Mittelmeer ist genauso bezaubernd wie einst, als Captain Cook dann endlich im Hafen von La Valetta festmachte. »Der letzte Großmeister« als Lektüre im Urlaubsgepäck nach Malta dabei zu haben, macht die Geschichte seiner Bewohner lebendig. Denn Gemeinden wie Birkirkara, die in der Geschichte erwähnt werden, gibt es weiterhin. – KEN.

Broschiert: 288 Seiten; Südwestbuch Verlag, Stuttgart;
ISBN: 978-3-942661-67-6

Rebecca Hohlbein
»Das Mädchen aus dem Meer«

Was kann anregender sein als ein Tiger im Rettungsboot wie in »Life of Pi«? Für den Fischer Froh in »Das Mädchen aus dem Meer« von Rebecca Hohlbein ist es eine wunderschöne junge Frau. Würde sie nicht allein schon so unendlich wirres Zeug sabbeln wie ein ganzes Mädchengymnasium, wenn Robbie Williams vorbeifährt.

Eine berührende Geschichte über die Macht der Liebe

Ohnehin hält sie ihn davon ab, weiter auf das Meer hinaus zu rudern, bis das Leben nicht mehr mitspielt, er verdurstet oder von den Götterfischen gefressen wird. Das jedenfalls war Frohs Absicht, nachdem er davon ausgehen musste, seine Geliebte Niedlich nie mehr wieder zu sehen. Auch Chita mit den Haaren aus Gold, die Froh aus dem Meer und in sein kleines Boot hinein rettet, hat ihren Geliebten verloren. Sie ist die Tochter Rah Loros, der seine Reiche Ljim und Jama mit unglaublicher Härte regiert. Selbst mit einer Gaumenspalte geboren, verachtet er alle Behinderten und Schwachen. Er nutzt sie bestenfalls für medizinische Zwecke oder zum Ausschlachten ihrer noch funktionierenden Organe und intakten Körperteile.
Cocha, der Sohn eines Statthalters, ist in etwa so alt wie Chita. Auch wenn er in seinen frühen Jahren unattraktiv war, verliebt sich die Königstochter in den jugendlichen Rebellen. Cocha öffnet ihr die Augen für die politischen Ziele ihres Vaters. Chita schließt sich den Rebellen an, und ein großartiges Abenteuer beginnt.
Das alles ist recht kompliziert, und der arme Froh muss sich in seinem Baumboot die ganze Geschichte voller Widersprüche anhören. Chita ist nicht zu stoppen. Sie spricht viele Sprachen, und ihm muss es vorkommen, als spräche sie diese allesamt gleichzeitig. Währenddessen treiben die beiden durch das endlose Meer und tauschen sich über die Götter aus, egal ob es die nun tatsächlich gibt oder eben nicht.

Eine riesige Welle hat das Land vernichtet, irgendwann schwimmen Leichen an Froh und Chita vorbei und Trümmer von Siedlungen, als hätten eben jene Götter dem bösen Schaffen und all der Verwirrung zwischen den Reichen gnadenlos ein Ende bereitet.

Als sie die Hoffnung fast schon aufgeben und sogar untergehen, landen die beiden auf zauberhafte Weise an der Küste Montanas. Eigentlich ist es feindliches Land mit Gormo, einem mysteriösen Führer. Gerade für Chita wird das fremde Land jedoch voller Überraschungen und Erkenntnisse sein. Vielleicht hat sie von hier aus sogar die Möglichkeit, wieder Anschluss an ihre Heimat zu finden, wo Rah Loro und ihr Bruder Sora auf sie warten.

»Das Mädchen aus dem Meer« ist ein ziemlich verwirrender Roman, selbst wenn die »Kugelschleudern« leicht als Gewehre identifiziert werden können und die »Manas« irgendetwas zwischen Rakete, Flugzeug und Space Shuttle zu sein scheinen. Chita jedenfalls wird ihre gesamte Genealogie neu schreiben müssen, um herauszufinden, wer wirklich Bruder, Schwester, Herrscher, Rebell oder Lehrmeister ist.

Immerhin werden all die losen Enden, die irgendwo zwischen »Der alte Mann und das Meer«, »Moby Dick« und eben »Life of Pi« begannen, kunstvoll von Rebecca Hohlbein verknotet. Ein Roman rund um das Wohl und Weh' der Liebe, der keine Frage zur Geschichte offenlässt. – KEN.

Taschenbuch: 512 Seiten; Heyne Verlag, München;
ISBN: 978-3-453314-81-8

Tamer Bakiner
»Der Wahrheitsjäger«

Tamer Bakiner lässt seine Leser in einer Zwickmühle zurück. Entweder stimmt alles, was er schreibt. Das wäre traurig genug. Oder aber alles ist absichtsvoll inszeniert Teil einer weiteren Legende, mit der er sich als einer der erfolgreichsten Detektive in Deutschland vorstellt. – Ich finde es zu anstrengend, das zu entscheiden.

Wie Sie Menschen entlarven, die Ihnen schaden wollen

»Wahrheitsjäger« nennt sich Tamer Bakiner, der »Top-Ermittler« für Wirtschaftskriminalität und Industriespionage. Der Untertitel verspricht, andere richtig einschätzen zu lernen, ihre Lügen durchschauen und die gewonnenen Erkenntnisse zum eigenen Vorteil nutzen zu können.

Auf 287 Seiten skizziert der Autor, wie er über Wochen, manchmal Monate unterschiedliche Legenden installiert. Tamer Bakiner wird dabei immer mehr ein Vertrauter seines ausgehorchten »Objekts«. Das kann ein Anlagenbetrüger in Asien oder eine kriminelle Bande in der Türkei sein, deren nachgenähte Kopien fast so schnell auf dem Markt sind wie die eigentlichen Markenkleider der Saison.

Zur neuen Identität gehören das bis ins kleinste Detail passende Verhalten und oft genug eine attraktive Begleiterin als Lockvogel, die (fast) alles dafür tun würde, die Falle zu spannen, bevor die Polizei, Rechts- und Staatsanwälte zuschlagen. Nach der erfolgreichen Ermittlung heißt es, in Deckung zu gehen. Nicht alle Ertappten finden es eben gut, dass sie hinter Gittern landen. Ihnen vor Gericht als Zeuge gegenüberzustehen, ist selbst für Tamer Bakiner manchmal eine Herausforderung.

Wenn er seine Fälle nach Branchenmaßstäben offenbar recht erfolgreich löst, dann ist das für Tamer Bakiner ein Beitrag zu einer besseren Welt. Dafür greift er jederzeit tief in die Trickkiste der Kriminellen. »Wer schnell aufgibt, ist kein guter Detektiv«, sagt er. Dafür braucht es Beharrlichkeit, Fantasie und die Bereitschaft zu improvisieren.

Neben Organisationstalent empfiehlt er Kontaktfreude und Menschenkenntnis. Vertrauen entsteht erst, wenn unser Gegenüber genau die Emotionen in uns liest, die seinen Absichten und Bedürfnissen entsprechen. Sich schauspielerisch dermaßen zu verstellen, dazu gehört eine Menge Talent und Selbstbewusstsein, über das Tamer Bakiner im Dienst der Jagd nach der Wahrheit wohl verfügt.

Es liegt nahe, dass jemand in seinem Beruf ein zuverlässiges »Gefahrenradar« entwickeln muss. Tamer Bakiner teilt hier seine Erfahrungen und empfiehlt beispielsweise, auch privat ab und zu einmal mehr in den Rückspiegel zu schauen. Und versuchen wir uns wirklich einmal als Ermittler, sollten wir unsere Legenden glaubhaft inszenieren – und vor allem das Lügen beherrschen.

Beim »Wahrheitsjäger« schwankte ich zwischen Bewunderung und Bedauern. Ich finde ein gesundes Maß an Vorsicht in dieser Welt durchaus angemessen. Aus Misstrauen einen detektivischen Ausdauersport zu machen, bei dem nur die besten Legenden und die skrupellosesten Lügner die Pokale holen, das hätte ich selbst im Zeitalter der Avatare und unverbindlichen Identitäten im Internet ungern als Standard.

Tamer Bakiner und seine Detektei wirken seit über 20 Jahren in einer Schattenwelt voller Korruption, Verleumdung, Lug und Trug. »Tausendfach« und das in über »70 Ländern« habe er erlebt, wie sich Menschen hinters Licht führen lassen. Damit wir uns davor schützen können, gibt uns Tamer Bakiner in seinem Buch zahlreiche Tipps, einen Grundkurs für Privatdetektive gewissermaßen.

Um jedoch so gut zu sein, wie er uns von sich glauben macht, muss Tamer Bakiner stets noch besser in den Methoden sein, die er seinen Zielpersonen unterstellt. Vertrauen ist in seiner Darstellung nur ein Mittel zum Zweck. Tamer Bakiner plädiert für eine Grundhaltung, in der wir niemals erwarten dürfen, dass etwas tatsächlich so sein könnte, wie es scheint. So liest sich auch »Der Wahrheitsjäger« dann doch gleich ganz anders. – KEN.

Broschiert: 288 Seiten; Ariston Verlag, München;
ISBN: 978-3-424201-18-5

Sport und Gesundheit

Es ist ein Zufall, dass viele der Bücher in diesem Kapitel aus dem Systemed Verlag in Lünen kommen. Das Konzept, das der Verlag in Ernährungsfragen schwerpunktmäßig verfolgt, ist meiner Meinung nach schlüssig, und es lässt sich auf viele Situationen am Tisch, am Büfett und am Gartengrill übertragen.
Selbst wenn wir einmal gar nichts oder weniger essen, also fasten möchten, werden wir sehr gut von Anna Cavelius, Heike Lemberger, Dorothee Stuth, Ulrike Gonder, Nicolai Worm und anderen begleitet.
Leider gibt es immer wieder Nachrichten am Rande, die für die Gesundheit dann gar nicht so lecker klingen. Beispielsweise ist die Fettleber eben kein Problem nur von Dicken und Alkoholikern. Sie kommt bei schlanken Menschen und solchen, die im Zweifelsfall bei Saft und Tee bleiben, ebenso vor. Übrigens kann man den Rotwein beim Kochen durchaus durch Tee ersetzen, schreiben Tanja und Harry Bischof in »Köstlich kochen mit Tee«.
Gegen die Fettleber können wir etwas tun, auch dafür, dass unser Vitamin D-Haushalt stimmt, wie Jörg Spitz und William B. Grant über das Sonnenhormon schreiben.
Wer bei alldem an seiner Willenskraft zweifelt, der ist bei Andreas Ahnfeldt gut aufgehoben. Als »Aaron« hat er in zahlreichen Hypnoseshows schon vielen Menschen versichert: »Du kannst es, du weißt es nur noch nicht!«

Nicolai Worm
»Die Schlafmangel-Fett-Falle«

Nicolai Worm steht für LOGI, eine Ernährungsweise mit niedriger Belastung der Blutzuckerwerte und der Bauchspeicheldrüse. Lese ich seinen Namen, denke ich an Obst und Gemüse, weniger Fleisch, noch weniger Körner und lasse die Kekse gleich weg. Was auch immer er zu tun scheint: am Ende endet Worm bei LOGI. Auch bei seiner Zusammenfassung zum Thema Schlafen und Fett-Falle. Und die ist echt gut gelungen.

... wie Sie trotzdem gesund und schlank bleiben

Dass Schlafmangel krank macht, ist nichts Neues. Halten wir den Schlafmangel lange genug durch, klappen wir unter dieser Folter irgendwann zusammen. Fairerweise, und das sagt auch Nicolai Worm, ist das Schlafbedürfnis eine höchst individuelle Angelegenheit und jede Statistik darüber, an der wir uns zu orientieren hätten, ein schlechter Witz. Manche schlafen zehn Stunden und mehr und sind noch immer nicht schön – außer sie sind noch Säugling. Andere kommen mit fünf bis sechs Stunden und einem Nickerchen zwischendurch aus und sind fit wie ein Turnschuh. Fakt ist, dass viele Menschen mit der zusätzlichen Wachzeit nichts anfangen können und den Statistiken nachhecheln, also wach liegen um mitzubekommen, dass sie – statistisch gesehen – genügend geschlafen haben. Damit befindet sich der Körper jedoch irgendwann im Krieg: mit anhaltender Müdigkeit und einem Bärenhunger am Tag und irgendwann mit der Erkenntnis, den eigenen Anforderungen nicht mehr gerecht zu werden, weil Leistungsfähigkeit und Konzentration zu den wirklich Ausgeschlafenen gehören. Hier mit Tabletten nachzuhelfen, um mindestens den durchschnittlichen Schläfern zu entsprechen, ist keine Lösung.
Eine Lösung wäre auch nach Nicolai Worm, den psychischen Ursachen einer Schlafstörung auf den Grund zu gehen – gegebenenfalls mit einer psychologischen Beratung und, wie ich als Coach ergänze, mit einem guten Anwalt für Vertrags- und Scheidungsfragen. Und ansonsten alles zu tun, dass mit dem eigenen Bewegungsbedarf und der Ernährung alles stimmt.

Schließlich reagiert der Körper auf Stress. Für ihn ist Stress stammesgeschichtlich gesehen eine Lebensbedrohung. Er spart deshalb in guten Zeiten an für die Zeit des Mangels. Gleichzeitig lagert er Abfallprodukte aus der Zeit der Belastung an. Das tut er auch, wenn er sich beim Schlaf eben nicht erholt. Hier klappt die Fett-Falle dann endgültig zu: Wer seinem Körper keine Ruhe gönnt, versetzt ihn in einen Alarmzustand, der jedes Bemühen um weniger Kilos torpediert.
Die Folgen sollten einem wirklich den Schlaf rauben. Übergewicht geht dabei fast noch, aber Insulinresistenz und Folgeerkrankungen wie Diabetes, Herzinfarkt und sogar Krebs haben durchaus etwas Endgültiges.
Schlafen macht also schlank. Der Körper will die Pfunde selber wegschmelzen. Und ein Körper, dem das Verdauen leicht gemacht wird, statt dass er auch dabei Schwerstarbeit leistet, der schläft auch besser. LOGI, also eine »Low Glycemic and Insulenic Diet« mit niedriger Belastung der Blutzuckerwerte und der Bauchspeicheldrüse ist dabei eine großartige Unterstützung und leicht zu merken.
Oft genießen darf man Gemüse, Obst und gute Öle. Eiweißhaltige Lebensmittel wie Fleisch, Fisch und Milchprodukte, kombiniert vor allem mit Obst und Gemüse, stehen auf der zweiten Stufe. Mehr in den gelben, bedenklicheren Bereich gehören kohlenhydrathaltige Nahrungsmittel wie Kartoffeln, Nudeln und Brot, die dann okay sind, wenn man zum Beispiel genügend Ausdauersport betreibt. Ganz ins Abseits und in die Ausnahmenecke verschoben sind Süßes und Weißmehlprodukte.
Dass das ziemlich mediterran klingt, also so wie sich Leute rund ums Mittelmeer ernähren, ist in Ordnung. Sollten Griechen in der Krise schlecht schlafen, liegt das jedenfalls nicht am Speiseplan. Nicolai Worms »Die Schlafmangel-Fett-Falle ... wie Sie trotzdem schlank und gesund bleiben« raubt Ihnen definitiv nicht den Schlaf. Es ist eine leicht verständliche und nachvollziehbare Abhandlung rund um unsere Wellness-Kur Nr. 1, die man durchaus auch dann lesen kann, wenn andere bereits schlafen. – KEN.

Broschiert: 160 Seiten; Systemed Verlag, Lünen;
ISBN: 978-3-927372-94-8

Heike Lemberger und Franca Mangiameli
»Das große LOGI-Grillbuch«

Ob ich mit diesem Buch jetzt wirklich schlank werde? Das, was drin steht, sieht – von vegetarisch bis selbst an der Kühltheke erjagt und erangelt – jedenfalls so lecker aus, dass ich mich auf das Grillen auch außerhalb der eigentlichen Saison freue.

Gut gegrillt, und der Sommer wird doppelt so schön!
Immerhin behaupten Heike Lemberger und Franca Mangiameli, dass man grillend erst recht schlank werden kann. Und das Ganze ist noch nicht einmal so schädlich, wie die Fraktion der Wasser-Bruzzler behauptet. Klar sollte man nicht gegen die Windrichtung grillen und den Qualm einatmen. Aber dass es knusprig sein darf, finde ich sehr beruhigend.
Was an Schadstoffen am Grill herbeigehext wird, lässt sich im übrigen auch wieder mit den entsprechenden Gegenmitteln entkräften. Mit einer guten Grillsauce zum Beispiel, einem gemischten Salat und Obst. Oder – und das hat mir erst recht gut gefallen – mit einem leckeren Bier. Ich erinnere mich gerne an einen Freund in Kanada, den der fleischbestückte Holzkohlengrill das höchste der kulinarischen Genüsse versprach. Auch unsere türkische Freundin sagte, dass sie ihren Vater nicht ohne Grillzange und Grillgutwender kenne, sobald das Wetter einigermaßen dazu geeignet sei. Grillen macht Spaß!
Übrigens muss man dafür nicht einmal Tiere opfern. Auch gegrilltes Gemüse, von A wie Auberginen über vorher angedünstete Karotten bis Z wie Zucchini bekommt auf dem Grill eine ganz besondere Note. Selbst Obst und Beilagen wie Kartoffeln in Folie sind eine gute Ergänzung.
Heike Lemberger und Franca Mangiameli sind großzügig mit praktischen Tipps im Umgang mit verschiedenen Grillgeräten und Temperaturen für fast jedes vorstellbare Grillgut sowie jeden Geldbeutel. Ihre großes und, wie ich finde, großartiges Grillbuch steht in der Tradition

der LOGI-Ernährung, die einen niedrigen Blutzucker- und Insulin-Wert unterstützt und damit das gesamte körperliche System entlastet. – Ein Buch, das Appetit macht! – KEN.

Broschiert: 176 Seiten; Systemed Verlag, Lünen;
ISBN: 978-3-942772-12-9

Dorothee Stuth und Ulrike Gonder

»Ketoküche für Einsteiger: Rezepte & Kraftshakes«

Mit »Krebszellen lieben Zucker – Patienten brauchen Fett« stellten Ulrike Kämmerer, Christina Schlatterer und Gerd Knoll 2012 die wissenschaftliche Grundlage für die »ketogene« Ernährung vor. Mit »Ketoküche für Einsteiger: Rezepte & Kraftshakes« legen Dorothee Stuth und Ulrike Gonder mit einem praktischen Kochbuch nach.

»Keine Kohlenhydrate« ist möglich – und schmecken tut es auch!

Die Idee und die Konsequenzen sind erstaunlich leicht nachvollziehbar. Krebszellen sind eigentlich faul. Sie gehen den Weg des geringsten Widerstands und nutzen für ihr Wachstum Energie, die ihnen am leichtesten zugänglich ist: Energie aus Zucker, den wir uns zuführen, oder Kohlehydrate, die sich leicht in Zucker umwandeln lassen.

Die ketogene Ernährung senkt den Kohlehydratanteil auf ein Minimum und stellt den Körper darauf um, Energie aus Fetten statt aus Kohlehydraten zu gewinnen. Von Fetten haben wir in der Regel ohnehin genug – als Reserve für Mangelzeiten oder aber im Überfluss, weil wir ohne das tägliche Sammeln und Jagen diese Reserven sowieso nicht brauchen, der Körper sie aber einlagert, weil er leider nicht besser weiß, dass wir nur in die Kühltheke zu greifen brauchen, um unseren Fleischbedarf zu decken.

Energie aus Fetten lässt sich vergleichsweise schwer erschließen und dauert daher länger. Mit einer ketogenen Ernährung hungert man die Krebszellen gewissermaßen aus. Dabei hilft diese Art der Ernährung auch dem gesunden Körper, dauerhaft Energie aus Fetten zu gewinnen. Allerdings müssen der gesunde wie auch der belastete Körper »umschulen«. Ketogen geht also nicht von heute auf morgen, sondern dauert mindestens von heute bis in zwei Wochen und sollte dann ein Lebensstil werden. Dann entlastet es den Körper bei manchen Formen von Diabetes und hilft den (noch) Gesunden, ihr Hüftengold abzubauen.

Kein Reis, keine Kartoffeln, kein Brot? Wenn wir ein paar tausend Jahre zurückblättern, dann geht das. Damals haben wir auf dem Weg zum nächsten Wasserloch ab und zu bestenfalls ein paar Ähren abgerupft und gegessen. Die ketogene Ernährung entspricht uns tatsächlich eher als das Abernten ganzer Getreidefelder, die nach und nach unseren Speiseplan beherrschten.

Wie wäre es stattdessen mit leckeren Selleriestiften, verfeinert mit Kümmel? Mit Würstchen, gegart in Emmentaler und Bauchspeck? Oder für Vegetarier: Chili con Carne ohne Carne, also ohne Fleisch?

Dorothee Stuth und Ulrike Gonder haben sich Gedanken gemacht, wie wir mit der ketogenen Küche beginnen können. Lassen wir die verführerischen Kohlehydrate als bisherige »Pflicht« aus, gelingt die ketogene »Kür« anschließend mit Leichtigkeit. Nach der Umstellung, für die wir uns mindestens zwei Wochen Zeit nehmen sollten, macht das neue Kochen genauso Spaß wie die bisherigen, kohlehydratreichen Küchentraditionen. – KEN.

Broschiert: 123 Seiten: Systemed Verlag, Lünen;
ISBN: 978-3-942772-42-6

Clifford Opoku-Afari
»Das Kohlenhydratkartell«

2008 erschien dieses Buch von Clifford Opoku-Afari zum ersten Mal. Damals gab es buecher-blog.net noch nicht. Doch auch in der dritten Auflage behandelt der Titel ein weiterhin heißes Thema. Werden wir von einem Kohlehydratkartell unterwandert, das sich zum Beispiel 6,5 Millionen Diabetiker als »gute Kunden« für die Nachsorge erhalten möchte?

Kohlenhydrate machen krank und Fett macht nicht dick!
Clifford Opoku-Afari war als Leichtathlet erfolgreich, bevor er sich als »Speaker« und Trainer mit Ernährungsthemen auf den Weg machte. Mit seinem Buch wendet er sich gegen die »finsteren Machenschaften der Zuckerlobby« und zeigt gleichzeitig Wege aus dem Diätendschungel, mit denen der aufmerksame Laie dem allgemeinen Trend Paroli bieten kann. Die Sache ist ziemlich kompliziert und bewegt sich etwa auf dem Niveau der Milchindustrie, die uns einreden möchte, gesund sei man nur mit einer Portion Milch pro Tag. Dabei trinkt kein Säugetier dieser Welt nach dem Abstillen noch Milch von der Mutter, erst recht nicht die Milch eines anderen Säugetiers. Nur der Mensch saugt »in den Jahrzehnten danach« an der Zitze der Kuh ...
Der Autor fragt zurecht, warum wir darauf getaktet sind, Kohlehydrate zu uns zu nehmen, sei es als raffinierten Zucker oder aber als Getreide, das am Ende ebenfalls nur in Zucker umgewandelt dem Körper zur Verfügung gestellt wird. Raffinierter Zucker ist unnatürlich. Er stellt dem Körper Energie zur Verfügung, die er in dem zugeführten Maß gar nicht braucht.
Mit Getreide ist es ähnlich. Am Ende wird es zwar vom Körper in Zucker umgewandelt, aber auch wieder in einem Maß, das der meist sitzende – und eben nicht sammelnde und jagende – Durchschnittsbürger nicht verwerten kann. Das Zuviel landet an den Hüften, überlastet unter anderem die Bauchspeicheldrüse und endet in Krankheiten wie Diabetes.

Allein in Deutschland sind 6,5 Millionen Menschen davon betroffen – ein gigantischer Markt für Mittel gegen diese heimtückische Krankheit.
Clifford Opoku-Afari zweifelt, wie stark der Kohlehydratanteil sinken sollte, um gesundheitliche Vorteile zu erlangen: »Fettreduzierte und kohlehydratreiche Kost als optimale Ernährung eines Diabetikers oder Übergewichtigen anzusehen, ist allerdings längst überholt und heutzutage nicht mehr haltbar.«
Was kann man also dagegen tun, dass man Kunde der Diabetiker-Nachsorge-Industrie wird? Clifford Opoku-Afari fasst seine Gegenmittel auf acht Punkte zusammen:

1. »Reduzieren Sie die glykämische Last Ihrer Mahlzeiten.« – Das geschieht idealerweise durch viel Obst und Gemüse, kaum Getreide und am besten ohne Süßes und Weißmehlprodukte.
2. »Erhöhen Sie den Eiweißanteil in Ihrer Nahrung.« – Das geht auch über mageres Fleisch, Hülsenfrüchte und Sojaprodukte.
3. »Erhöhen sie das Volumen Ihrer Nahrung.« – Ballaststoffe, die im Magen quellen, sorgen für die Information: »Satt!« Den Magen interessiert der Energieanteil von was auch immer nicht. Er braucht Gewicht und Menge. Das können auch Ballaststoffe sein.
4. »Verbrauchen Sie mehr Energie.« – Das ist die berühmte Gleichung von »Input« und »Output«: Wer mehr verbraucht als er zuführt, zapft irgendwann die (Fett-) Reserven an und wird automatisch schlank.
5. »Nehmen Sie weniger Energie auf.« – Klar wollen wir uns satt fühlen, aber brauchen wir wirklich den Nachschlag, wenn wir drei Tage lang in einem Seminar sitzen und uns nicht bewegen?
6. »Essen Sie mit Genuss.« – Schokolade und Baguette sind als Ausnahmen erlaubt, schließlich sitzt das Auge und der Wunsch der Teilnahme mit am Tisch. Aber die Betonung liegt auf »Ausnahme«!
7. »Planung ist die halbe Miete.« – Besser entscheidet man heute, was man morgen essen wird und kauft entsprechend ein. Es gibt Leckeres auch bevor man die Süßigkeiten- oder Kartoffelchips-Ecke erreicht.
8. »Jetzt sind Sie an der Reihe!« – Tun muss man selber, auch gegen die lästigen Fragen der lieben Mitmenschen: »Wie, heute keine Kartof-

feln?« oder »Weshalb lässt du das Brot weg?« (War doch alles inklusive ...)

Nach Clifford Opoku-Afari ist man echt gefordert. Denn wir haben die Wahl zwischen einem gesellschaftlich durchaus akzeptierten Diabetiker-Übel und einer Alternative, die uns zwingt, jederzeit Entscheidungen zugunsten einer nahezu »steinzeitlichen Diät« zu treffen. Damals gab es nur das Wild, das wir selbst erjagten, Grünzeug am Randes des Wegs, auf dem wir wanderten, und Getreide nur in dem Umfang, dass wir es unterwegs abrupfen konnten. Und richtig Süßes gab es nur, wenn wir keine Bange vor dem Bienenschwarm hatten, der die Waben mutig verteidigte.

Clifford Opoku-Afari ist auch in der dritten Auflage hoch aktuell. Nach ihm ist jeder, der uns auf Kohlehydrate verdonnert, Mitglied eines Kohlehydratkartells. – KFN.

Clifford Opoku-Afari

»Das Kohlenhydratkartell«

Broschiert: 155 Seiten; Systemed Verlag, Lünen;
ISBN: 978-3-942772-39-6

Anna Cavelius
»Endlich schlank ohne Diät«

Das wollte ich schon immer hören: Du darfst ... und nimmst trotzdem ab! »Endlich schlank ohne Diät« ist eine gute Idee für einen gesunderen Lebensstil. Die wenigen Regeln innerhalb eines inzwischen gut verbreiteten Konzeptes dazu sind leicht zu merken. Und darauf kommt es an.

Abnehmen eine Frage des LOGI-schen Lebensstils

Anna Cavelius Ratgeber ist eine angenehme Zusammenfassung dieser Ernährungsweise, die als LOGI-Methode von Nicolai Worm bekannt geworden ist. LOGI steht für »Low Glycemic and Insulinemic Index« und entlastet vor allem die Bauchspeicheldrüse. Das tut natürlich auch dann gut, wenn man sein Wunschgewicht bereits hat und es halten möchte.

»Endlich schlank ohne Diät« ist vor allem etwas für LOGI-Anfänger. Anna Cavelius fasst zusammen, warum wir immer noch vor allem Natur sind und uns wie unsere Vorfahren vor Jahrtausenden ernähren sollten. Auch Bewegung in der Natur gehört zu den Grundbedürfnissen, zumindest zu denen unseres Körpers. Ansonsten kommen wir mit dem Auto fast überall hin ... Aber LOGI ist vor allem Ernährung.

Obst, Salat und Gemüse können wir nach der LOGI-Pyramide essen, soviel reinpasst. Als nächstes kommen in abnehmenden Mengen Fleisch und Fisch dran, danach Teigwaren und »Sättigungsbeilagen« und schließlich Süßigkeiten und Produkte aus der Konditorei. Zuviel Konfekt schadete schon immer – vor allem der Konfektionsgröße.

Nach meinen Erfahrungen als Coach, Therapeut und manchmal auch als Betroffener von zahlreichen Festen zum Fünfzigsten unserer Freunde sind reine Diäten und Kalorienzählen für Abnehmwillige problematisch. Meistens bleibt bei gesunden Menschen nur ein einziger Grund für ein zu hohes Gewicht: Wer zu viel wiegt, isst mehr als für seine körperliche Leistung braucht. Auch Anna Cavelius geht auf die Gründe für das »Hüf-

tengold« ein. Wirkliche Pfundskerle und -frauen werden die schon oft genug gehört haben und sie überblättern, um gleich zum Wesentlichen zu kommen.
Dieses Wesentliche muss einfach sein, damit daraus ein langfristiger Lebensstil mit mehr Leichtigkeit werden kann. LOGI ist einfach. Dass es auch Appetit machen kann, zeigen die Rezepte in der zweiten Hälfte des Taschenbuchs. Auch wenn es manchmal ohne Psychologie und Verhaltensänderungen in der Familie nicht gehen wird, ist »Endlich schlank ohne Diät« ein guter Anfang. – KEN.

Broschiert: 140 Seiten; Systemed Verlag, Lünen;
ISBN: 978-3-942772-10-5

Anna Cavelius
»Das Fastenbuch«

Anna Cavelius verspricht auf knapp 200 Seiten »die besten Fastenkuren für jeden Typ«. Auch ich habe Angebote entdeckt, die ich gerne ausprobieren werde: Es hat Spaß gemacht, den Teller beiseite zu schieben und mich wieder auf die Welt des Fastens einzulassen. Auch wer sich zum ersten Mal mit dem Thema beschäftigt, wird gut und sicher eingeführt.

Die besten Fastenkuren für jeden Typ

So finden wir wieder bestätigt, dass es dabei nicht nur um die Entgiftung des Körpers geht, sondern dass man bei manchen Fastenarten sogar essen und trinken darf. Anna Cavelius beschreibt Klassiker wie die F.-X.-Mayr-Kur, das Buchinger-Fasten, Obstfasten, Suppenfasten, Detoxfasten ebenso wie eher moderne Formen wie das Vegan Basenfasten.
Das Buch ist insgesamt eine gelungene Informationsquelle für mittel bis längerfristige Kuren. Es ermutigt zudem dazu, sich auch auf das kurzzeitige Fasten einzulassen. Da Essen und Trinken Leib und Seele zusammenhalten, hat Fasten neben körperlichen Auswirkungen einen Entlastungseffekt für das seelische Wohlbefinden. Während der Körper entschlackt, verabschieden wir uns von belastenden Gedanken.
»Das Fastenbuch« macht neugierig auf die körperlichen und seelischen Erfahrungen durch diese Unterbrechung des Gewohnten. Der gemeinsame Nenner der Fastenkuren ist dabei ein mehr oder weniger radikaler Einschnitt in unsere übliche Ernährungsweise. Darauf muss der Körper durch Entlastungstage vorbereitet werden. Nach dem Abschluss der Fastentage wird der Stoffwechsel dann wieder sanft auf den »normalen« Alltag eingestimmt.
Die Gerichte, die das Fasten unterstützen, sind so appetitlich fotografiert, dass wir nach einer Kur so manches davon gerne in den Alltag hinüberretten werden. So ist das Fasten möglicherweise die Einleitung für einen insgesamt neuen Lebensstil. Dazu gehört, dass wir während des Fastens (wieder) lernen, uns viel an der frischen Luft zu bewegen, zu

meditieren und durch Gymnastik und Yogaübungen unsere frühere Geschmeidigkeit zu reaktivieren.
Anna Cavelius beschreibt unterschiedlich radikale Formen, die entweder »nur« milde entlasten oder aber auf eine sehr deutliche Art den Körper über die Haut entgiften. Man sollte sich also durchaus darauf vorbereiten, dass sich während einer Fastenkur der Körpergeruch verändert.
Gern habe ich die Empfehlung gelesen, während des Fastens ein Tagebuch zu führen, in dem wir nicht nur körperliche Reaktionen protokollieren, sondern auch die Gedanken aufschreiben, die uns während des Fastens beschäftigen.
Ob wir nun aus religiösen oder lediglich aus gesundheitlichen Gründen fasten möchten – zu jedem Motiv gibt Anna Cavelius zahlreiche Tipps. Dazu gehört die Empfehlung, zum Beispiel nur jeden zweiten Tag feste Nahrung zu sich zu nehmen und so nach Art der klassischen Griechen die Kalorienzufuhr zu halbieren. Das senkt automatisch das Gewicht und den Blutdruck.
Eine Sonderform des Fasten ist das »Bikinifasten«, bei dem wir innerhalb weniger Tage möglichst viel Fett und Gewicht verlieren möchten. Das hat mit Heilfasten dann nichts mehr zu tun und erfordert zudem ein zusätzliches Muskeltraining für Bauch und Po sowie Ausdauereinheiten an etwa jedem zweiten Tag.
Neben den leckeren Gerichten lassen sich auch Bewegungsformen wie das Wandern über die Fastenzeit hinaus in den Alltag integrieren und zu einer Institution ausbauen. Wer Fasten vor allem mit Verboten und Askese verbindet, wird hier eines Besseren belehrt. Er findet in »Das Fastenbuch« etwas, dass er mit Leichtigkeit und Freude tun darf.
Anna Cavelius macht insgesamt Schluss mit den Ausreden, warum wir wieder einmal das Fasten von der Liste unser guten Vorsätze zum Jahreswechsel gestrichen haben. – KEN.

Gebundene Ausgabe: 200 Seiten; Systemed Verlag, Lünen;
ISBN: 978-3-927372-85-6

Nicolai Worm und Kirsten Segler
»Volkskrankheit Fettleber«

»Leberverfettung ... Es gibt wohl kaum ein anderes Thema, das noch weniger ansprechend klingt und zugleich für so viele Leute lebensbestimmend ist«, schreiben Nicolai Worm und Kirsten Segler. Eigentlich wollen wir das Thema lieber vermeiden.

Verkannt – verharmlost – so einfach heilbar!

Als 2013 die »Menschenstopfleber« von Nicolai Worm erschien, hatte das auch unter gesundheitsbewussten Lesern etwas von einem unappetitlichen Donnerschlag. Aber Blitze, die vorausgehen, wenn es wettert, schlagen nicht immer ein. Der neue Band zu dem Thema, an dem Kirsten Segler mitwirkt, liest sich zugänglicher und bestätigt wieder: Wir können etwas gegen die »Volkskrankheit Fettleber« tun.

In Deutschland sind zwischen 30 und 40 Prozent aller Menschen von der Leberverfettung betroffen. Die sind deswegen nicht etwa alle Alkoholiker, übergewichtig oder Diabetiker. Gründe für die belastete Leber sind häufig zu wenig Bewegung und eine Ernährung, die im wesentlichen auf Kohlenhydrate aufbaut. Und das betrifft auch Schlanke.

Kohlenhydratreiche Ernährung bedeutet, dass die Leber die zur Verfügung stehenden Energie nicht ausschöpfen kann, sondern als Fett einlagert. Im aktuellen Ratgeber für die gesunde Leber geht es unter anderem darum, wann wir damit rechnen müssen, dass unsere Leber tatsächlich verfettet. Die Autoren gehen in diesem Buch auch auf Messverfahren wie dem Body Mass Index (BMI), die Bauchumfangsmessung ein und Körperfettmessungen auf der Waage ein. Die ersetzen zwar keine gründliche Untersuchung durch den Arzt, geben aber erste Hinweise auf eine möglicherweise überlastete Leber.

Wer Nicolai Worm und seine »LOGI-Pyramide« bereits kennt, wird nicht überrascht sein, dass eine Ernährung nach seinem Konzept auch der Leber gut tut. Wir sollen hauptsächlich Obst und Gemüse, danach Fleisch, Fisch, Milchprodukte, gute Öle und Fette zu uns nehmen. Getreide und stärkehaltig Produkte sind eher zu vermeiden, Weißmehl und mit Zucker

Gesüßtes sogar ganz. Dass neben der Ernährung regelmäßige Bewegung wichtig ist, um den Stoffwechsel anzuregen, versteht sich von selbst.
Von einem insgesamt gesünderen Lebensstil profitieren neben der Leber auch Organe wie die Bauchspeicheldrüse. Wer weitgehend auf Kohlehydrate verzichtet, regt den Organismus an, seine Energie vor allem aus den gespeicherten Fettzellen zu beziehen und diese dadurch abzubauen. Fett unter der Haut, vor allem aber auch im Bauchinneren, ist ein Speicher für Schadstoffe, die mit dem Abbau der Fettzellen ebenfalls ausgeschieden werden.
Interessant fand ich neben den ermutigenden Portraits von Fettleberpatienten die Hinweise auf aktuelle Erkenntnisse zur Leberbelastung durch Alkohol. Die gesundheitsfördernde Wirkung des berühmten »Viertele« Rotwein am Abend liegt danach weniger an Inhaltsstoffen, die den Alterungsprozess bremsen, sondern am Alkohol selbst. Und der kommt im Bier oder im Schnaps genauso vor. Allerdings macht wie immer die Dosis das Gift. Zuviel Alkohol zerstört Leberzellen und verhindert, dass die Leber insgesamt korrekt arbeitet. Wer jedoch bereits einen Leberschaden hat, sollte sich auf keinen Fall auf die gesundheitsfördernde Wirkung seines nächsten »Vierteles« berufen.
Noch wird die Fettleber verkannt und verharmlost, aber ihre Heilung wirkt sich positiv auf alle Organe aus. Nach einer Ernährungsumstellung von sechs bis acht Wochen hatten manche Probanden von Untersuchungsreihen bis zu 15 Prozent ihres Ausgangsgewichts verloren: »Das Fett aus der Bauchspeicheldrüse verschwand so weit, dass sogar bereits tot geglaubte Betazellen ihre Arbeit wieder aufnehmen konnten.«
»Volkskrankheit Fettleber« ist ein allgemeinverständlicher Ratgeber zu einem unterschätzten Thema. Die Autoren machen Betroffenen Mut, sich dem offensichtlichen oder versteckten Fett im Körper zu stellen. Mehr als ein Drittel der Gesamtbevölkerung in Deutschland ist davon betroffen – und die meisten Menschen haben noch nie von einer nichtalkoholischen Leberverfettung gehört. – KEN.

Broschiert: 160 Seiten; Systemed Verlag, Lünen;
ISBN: 978-3-942772-78-5

Tanja und Harry Bischof
»Köstlich kochen mit Tee«

Wein, Bier, Sherry, Rum und andere Spirituosen lassen sich gut nutzen, um Speisen und Soßen zu verfeinern. Wer keinen Alkohol mag oder darf, kann sich über Tanja und Harry Bischofs Inspirationen zu einer Alternative mit Tee freuen.

Immer nur Rotwein ist langweilig!

»Köstlich kochen mit Tee« beginnt mit einer kleinen Teekunde, damit also, wie sich Tees am besten zubereiten lassen, egal ob mit Kräutern, Früchten, als schwarzer, weißer oder grüner Tee. Ja selbst Roibos, von dem ich mich als halber Ostfriese nur schwer überzeugen lasse.

Nicht jeder Tee verträgt kochendes Wasser, manche Sorten brauchen geringere Temperaturen, um ihre Aromen zu entfalten. Manchmal ist auch weniger Tee pro Kanne besser als ein tiefdunkel gefärbter Kräutertee. Erst recht, wenn man ihn abgekühlt zur Erfrischung trinken möchte.

Der Sprung von Kräutertee und Tee als Getränk hin zu Kräutern in der Koch-, Brat- und Backküche ist am Ende eher kurz. Mit Kräutern würzen wir ohnehin, dagegen werden die »normalen« Aufgusstees kaum zum Kochen verwendet.

Tanja und Harry Bischof brechen elegant mit diesem Tabu. Sie nutzen jede Art Tee zum Verfeinern von Saucen, zum Ablöschen von Braten, zum Dünsten, Garen und Marinieren von Fleisch, Fisch und Gemüse. Auch bei Suppen, für Rohkost und Desserts finden sie Möglichkeiten der Zubereitung mit Tee.

Wie wäre es zum Beispiel mit Muffins, raffiniert verfeinert mit Früchtetee? Appetitlich finde ich auch die geschmorte Kalbslende mit einer Marinade aus getrockneten Holunderblüten, Zitronenverbenen-Blättern und Rosenknospen. Oder die Lammbolognese in Salbeitee.

Gut 50 Rezepte beschreiben die beiden Autoren und machen schon beim Lesen und Bilderschauen Lust auf neue Geschmackserfahrungen. Selbst gedünstete Birnen in Süßholztee werden plötzlich vorstellbar. Ganz sicher kommt man anschließend durch die Polizeikontrolle. Essen geht eben auch ganz und gar ohne Alkohol. – KEN.

Broschiert: 140 Seiten; Systemed Verlag, Lünen;
ISBN: 978-3-927372-67-2

Jörg Spitz und William B. Grant
»Vitamin D: Das Sonnenhormon«

Wer könnte einem bessere Ratschläge geben als jemand, der warnt, bevor das »Kind in den Brunnen« gefallen ist? Professor Dr. med. Jörg Spitz (* 1943) ist Präventionsmediziner und damit so jemand. Gemeinsam mit dem US-amerikanischen Wissenschaftler William B. Grant, Ph. D. (* 1942) erklärt er in seinem Kompaktratgeber, wie gut uns die Sonne tatsächlich tut.

Wie Sie Ihren Vitamin-D-Vorrat auftanken

»Nur mit ausreichend Vitamin D können unsere Zellen optimal funktionieren und uns vor chronischen Krankheiten schützen«. Punktum. Wer noch immer glaubt, die Sonnenbank alleine täte es oder dass er sich mit »Überlebenswichtigerem« hinter seinem Bildschirm um Kellerstudio entschuldigen könnte, irrt gewaltig.

Ohne Sonne funktioniert gar nichts – weder das Gehirn, noch irgendein anderes organisches »Gemüse« in unserem Körper, wie jemand gesagt hat. Die Sonne steht für unseren Organismus in enger Beziehung zum Vitamin D. Nur in diesem Zusammenspiel kann sie uns wirklich fit halten. Menschen sind schließlich keine Kellerasseln.

Die Sonne steht für Wärme und Licht. Wer sie unbefangen genießen möchte, sollte sich ein gesundes Verhältnis zur Sonne bewahren. Hautkrebs ist nach Jörg Spitz und William Grant nicht »nur« eine Frage der Dosis. Wir brauchen die Sonne im richtigen Maß, denn so kann sie das Vitamin D aktivieren, damit unser Organismus wirklich gesund sein kann. Das »Sonnenhormon« Vitamin D senkt das Krebsrisiko, verhindert hohen Blutdruck, schützt vor Diabetes, kräftigt die Muskulatur und fördert das Immunsystem.

Im Anhang des knapp 100 Seiten starken Ratgebers im handlichen Format beschreiben die Autoren, dass es längst Präparate gibt, die uns vor einem Vitamin D-Mangel schützen sollen, vor einem Mangel also an »Sonnenhormon«. Einen großen Teil können wir uns durch eine fischreiche Ernährung zuführen, einen geringeren Teil durch Orangensaft, Eier

und Käse. Aber wirklich Vitamin-D-aktivierend ist nach den Autoren vor allem die Sonne.
Am Ende ist der Vitamin-D-Mangel eine Frage des Lebensstils. Viele Menschen schaffen es eben nicht, ihre Haut mehrmals in der Woche großflächig der Sonne auszusetzen. Meistens arbeiten sie gerade, wenn die Sonne scheint – oder es ist Winter. Während ich »Vitamin D – Das Sonnenhormon« lese, ertappte ich mich bei zig Gründen, die Sonne wieder und wieder zu ignorieren. Da muss der Keller gestrichen oder das nächste Manuskript optimiert werden. Ich entschuldige mich mit dem Genuss des fertigen Werks und entdecke, dass ich die Sonne wieder einmal verpasst habe. – Schade.

Jörg Spitz und William Grant erklären:
- Wie können wir uns vor Vitamin-D-Mangel schützen?
- Woher und wie bekommen wir ausreichend Vitamin D?
- Welchen Nutzen hat das »Sonnenhormon« für unsere Körper?

Vielleicht ist das kleine Spitz/Grant-Buch ein Schritt raus aus der Ausredenfalle, wenn es um einen Nachmittag an der Sonne geht. Die Sonne scheint für jeden. Aber sie tut uns nur dann Gutes, wenn wir sie an uns heranlassen. »Vitamin D – Das Sonnenhormon« ist ein ebenso kompaktes wie glaubwürdiges Plädoyer für mehr Licht in unserem Leben und das Positive, dass die Sonne für uns bewirkt. – KEN.

Broschiert: 95 Seiten; Mankau Verlag, Murnau am Staffelsee;
ISBN: 978-3-863741-78-5

Andreas Ahnfeldt
»Du kannst es, du weißt es nur noch nicht«

Andreas Ahnfeldt, »Aaron«, und ist vielen Besuchern des Europa-Parks Rust als Hypnotiseur bekannt. Wenn Sie Pech haben, gehören Sie zu denjenigen, die plötzlich ihren Hintern vorne hatten und verzweifelt versuchten, sich auf einen Stuhl zu setzen. Jetzt schreibt Aaron, das Hypnose auch therapeutisch ein großartiges Mittel für die Heilung psychischer Probleme ist.

Aaron erklärt die Kraft der Hypnose

Hypnose hat die Menschen schon immer fasziniert. Irgendwie wissen die Menschen, dass es irgendetwas jenseits der bewussten Wahrnehmung gibt, das in ihren (Tag-) Träumen aktiv ist und manchmal massiv in ihren Alltag eingreift: Wir handeln automatisch, schreiben noch Mitte Januar das Datum des letzten Jahres und wundern uns nach einer langen Autobahnfahrt, dass wir plötzlich zu Hause sind.

Solche Trancephänomene lassen sich gestalten, und Andreas Ahnfeldt beherrscht es auf der Bühne meisterhaft. Dass sich der gefeierte Showstar über die Auseinandersetzung mit Neurolinguistischem Programmieren (NLP) und das Studium der Techniken des amerikanischen Hypnosetherapeuten Milton H. Erickson seit 2009 auch als Coach und Therapeut qualifizierte, macht ihn mir besonders sympathisch. Sein Buch »Du kannst es – du weißt es nur noch nicht« über die Kraft der Hypnose hat mich deshalb begeistert. Wer allerdings meint, mit diesem Buch den Schlüssel zu eigenen sensationellen Hypnoseshows in der Hand zu haben, der wird zu anderen Quellen greifen müssen – oder er sollte sich in Aarons Shows inspirieren lassen.

Was wir als geheimnisvoll im Umgang mit unserem Unbewussten erleben, wird durch das Buch Aarons entmystifiziert. Er zeigt, wie wir durch die geschickte Anwendung von Sprache und Entspannungstechniken einen Zugang zu verborgenen oder verschütteten Ressourcen erhalten. Wer Probleme wie Prüfungsangst, Rauchen, zwischenmenschliche Kri-

sen, Begrenzungen durch frühkindlichen Erfahrungen und unendlich viel mehr bewältigen möchte, ist mit hypnotischen Verfahren, wie Andreas Ahnfeldt sie skizziert, auf dem richtigen Weg.
Schlüssig ist seine sympathische Darstellung des Themas Hypnose auch deshalb, weil sie die Furcht vor der Arbeit mit inneren Prozessen aufhebt und den Lesern die Chance gibt, Trancephänomene als etwas ganz Normales zu begreifen. Ein anderer Therapeut sagte, es sei kein Problem, die Menschen in einen hypnotischen Zustand zu versetzen. Schwieriger sei es, sie aus ihrer Problemtrance herauszuführen. Nur so lässt sich verstehen, dass wir nach Jahrzehnten noch immer die gleichen Überlebensreflexe haben, die als Kind Sinn machten, für die wir als Erwachsene jedoch mit Leichtigkeit andere Lösungen nutzen könnten.
Andreas Ahnfeldt schreibt freundlich und nachvollziehbar. Ich persönlich mag marktschreierische Versprechungen wie »die eigenen Grenzen überwinden« oder »der Gigant in dir« nicht so sehr. Aber auch davon hält sich der Autor weitestgehend fern. Tatsächlich sind wir meistens genau dort begrenzt, wo ein hypnotischer Zustand uns blockiert. Diesen zu verstehen, ist der wichtigste Schritt zur Lösung und die Beschäftigung mit Hypnose eine großartige Möglichkeit, ihn zu gehen. – KEN.

Taschenbuch: 192 Seiten; Heyne Verlag, München;
ISBN: 978-3-453602-96-0

Biografien

James Brown, Mick Fleetwood, Billy Idol – jeder Musikliebhaber hat eine andere Chronologie seiner Lieblinge. Meine hat auf einem Monoplattenspieler mit dem Kinderstar Heintje angefangen …
James Brown war für mich persönlich daher zunächst ein Fehlgriff, aber was für ein genialer Entertainer! Er war definitiv einer der härtesten Arbeiter im Show-Geschäft. Über Jahrzehnte veröffentlichte er im Schnitt alle zwei Monate einen Hit. Niemand wurde häufiger gecovert, also nachgespielt.
Jerry Lee Lewis lehnte James Brown als Vorgruppe ab, weil er das Publikum danach nicht mehr einfangen konnte. James Brown inspirierte Michael Jackson zu tanzen; vermutlich hat auch der junge Mick Jagger ihm seine Bewegungen abgeschaut. James Brown schreibt hier selbst über James Brown, den Godfather auf Soul. Und das ist gut so.
Mick Fleetwood hat als Schlagzeuger fast 50 Jahre lang eine Band von Weltruf geführt. Dabei weiß er bis heute nicht, was er an seiner »Schießbude« eigentlich macht. Es passt eben immer. Billy Idol hätte es ihm gleich tun können, wollte aber immer ganz vorne stehen. Direkt an der Bühnenkante hatte er die besten Chancen, sich die weiblichen Fans für das Kuscheln nach dem Konzert herauszupicken. Der Billy-Idol-Stil ist auch für Leute 50plus ein tanzbarer Punk-Rock-'n'-Roll.
Mark Owen weicht in dieser Reihe vom Standard ab. Statt für Kreativität und Lebensfreude steht er für bedingungslosen Navy SEAL-Gehorsam und die Einstellung, dass weltweit immer Krieg ist. Er ballert dabei nicht an der Konsole, sondern fürchterlich real. Leider tun das die Gegner auf der anderen Seite auch.

James Brown
»Godfather of Soul: Die Autobiografie«

Irgendwann war James Brown (1933–2006) in meiner Plattensammlung. Ich war ziemlich jung und wollte vermutlich »irgendwas mit Reggae«, kam aber schnell über meinen Irrtum hinweg, als James Brown voller Inbrunst sang: »I feel good!« Diesen Ohrwurm des »Godfather of Soul« bin ich nie wieder losgeworden.

Von »Please, Please, Please« bis heute

Die einführenden Worte der Autobiografie schreiben Autoren, die das Phänomen James Brown wirkungsgeschichtlich ergründen wollten. Dann aber greift »Mr. Dynamite« selbst zur Feder, auf eine erfrischend unakademische Art. Und sofort begann ich, mich wieder gut zu fühlen. Nebenher hörte ich ihn mit »It's a Man's World« und fand ihn als »Sexmachine« recht akzeptabel: Sollte die Welt eine der Männer sein, ohne die Frauen wüssten wir es nicht.

James Brown (James Joseph Brown, Jr.) erlebte den modernen Rassismus von der übelsten Art. »Was fällt dir ein, dich einfach hierher zu setzen, Nigger?«, hörte er in einem Bus. »Du kannst dich doch nicht einfach neben mich setzen. Was glaubst du wohl, wer du bist?« Wir sind in den 1960-er Jahren, in denen James Browns Karriere gerade begann.

Er selbst wurde wegen eines eher kleinen Vergehens zu 16 Jahren Haft verdonnert. Sein größeres Vergehen dabei war seine schwarze Haut. Nach vier Jahren wurde er entlassen. In der Welt der Musik galten andere Regeln: »Es ist schwer zu glauben, aber wir haben damals nicht viel Trouble mit dem Rassismus gehabt, außer wenn wir mit weißen Gruppen unterwegs waren. Dann bekamen wir in Hotels und Speiselokalen die Diskriminierung zu spüren, aber ich glaube, weil wir im Showbusiness waren, ließen uns die Leute in Ruhe.«

James Brown galt als härtester Arbeiter im Showbusiness. Von 1956 bis 2002 erschien im Schnitt alle zwei Monate ein neuer Hit. Bei diesem unglaublichen Ergebnis konnte es nicht ausbleiben, dass er bis heute der

am meisten gecoverte Musiker überhaupt ist. Als politischer Musiker wetterte er gegen den Vietnamkrieg und den Rassismus in den Vereinigten Staaten. Er erlebte sich durchaus als Gefangener seiner eigenen Rasse, nahm aber auch die Belastungen anderer Künstler wahr.
Als Elvis Presley 1977 starb, war James Brown ziemlich betroffen. Beide waren sie arme Jungs vom Land, die mit Gospel und R&B aufgewachsen waren. Sie hatten zeitgleich Top-Hits herausgebracht, lange in Hollywood gelebt und waren schließlich nach Hause zurückgekehrt, um sich nicht selbst zu verlieren.
James Brown prägte Musiker wie Carlos Santana und Miles Davies ebenso wie die moderne Rap- und Hip-Hop-Musik. Little Richard, der ihn zunächst nur als Vorgruppe zuließ, dann aber als jemanden ablehnte, der ihm die Show stahl, verbeugte sich am Ende tief vor dem Erneuerer und Wegweiser James Brown. Auch Michael Jackson wäre nicht der großartige Tänzer geworden, wenn er zuvor nicht von den Bewegungen des »Godfather of Soul« hypnotisiert gewesen wäre: »Ich wusste, dass ich das für den Rest meines Lebens auch tun wollte.«
Seit seinem ersten Nummer-eins-Hit »Please, Please, Please« im Jahr 1956 hat James Brown fünfzig Jahre lang die Musik immer wieder verändert. Mit seiner Hymne »Say it Loud, I‹m Black and I‹m Proud« wurde er zur Symbolfigur der schwarzen Bürgerrechtsbewegung und stellt bis heute für viele Schwarze die Verkörperung des Amerikanischen Traums dar.
Es tut gut, dass James Brown seine Biografie nicht seinen Vorwortschreibern überlassen hat, die sich an seine Wirkungsgeschichte hängen, als wollten sie ein bisschen in seinem Glanz mitscheinen. In »James Brown« spricht »Mr. Dynamite« vor allem selbst zu uns. Als er 2006 in Atlanta, Georgia, starb, war er bereits 20 Jahre lang in der »Rock and Roll Hall of Fame«. Und dort gehört er hin. – KEN.

Taschenbuch: 496 Seiten; Heyne Verlag, München;
ISBN: 978-3-453640-60-3

Mick Fleetwood mit Anthony Bozza
»Play On – Fleetwood Mac & Ich«

In seinen besten Zeiten war der über eins neunzig große Drummer Mick Fleetwood (* 1947) schlaksig wie John Cleese. Der zog mit »Monty Python« durch die Filmgeschichte, während Mick Fleetwood seit 1967 den Rhythmus in der legendären Band Fleetwood Mac angibt. Und ein Ende mag sich niemand vorstellen. Fleetwood Mac ist ein britisch-US-amerikanischer Dauerbrenner – seit fast 50 Jahren.

Exzesse, Ekstase, bedingungslose Hingabe

Die Band startete einst als Bluesband Peter Green's Fleetwood Mac, inspiriert von Peter Green, der als Solist und mit anderen Bands Stücke wie »Albatros« inszenierte. In den frühen Jahren von Fleetwood Mac schrieb er »Black Magic Woman«, das durch die Adaption von Carlos Santana zum Welthit wurde. Peter Green‹s Fleetwood Mac verkauften 1969 mehr Schallplatten als die Beatles und die Rolling Stones zusammen. Auch das ist ein Datum, das die Band positioniert.

Ab 1970 war Fleetwood Mac ohne Peter Green unterwegs. Die Band blieb in wechselnder Zusammensetzung und mit unterschiedlichen Sängerinnen als Verstärkung erfolgreich – bis heute. So ziemlich von Anfang an dabei ist John McVie, ein begnadeter Gitarrist und Sänger.

Mick Fleetwood schreibt mit seiner Autobiografie kein Lexikon der Mainstream Rock- und Popmusik. Das überlässt er längst Musikhistorikern. Dabei könnten all die Stars, mit denen er im Laufe seiner Karriere zusammenkam, locker für eine Geschichte der Musik rund um Mick Fleetwood herhalten.

Co-Autor von »Play On – Fleetwood Mac & Ich« ist Anthony Bozza, der Mick Fleetwood zuvor für den »Playboy« interviewte. Nein, dieses Buch sollte kein Geschichtsbuch werden, sondern Mick Fleetwood so präsentieren, dass die Zwischentöne deutlich werden. Zum Beispiel, dass er ein begeisterter Lerner in vielen Bereichen ist, aber die Schule in England wegen einer starken Lern- und Merkschwäche abbrach. Zumindest konnten die Lehrer seiner Waldorfschule damit umgehen, und sie unterstützten sein musikalisches Talent. Mick Fleetwood wurde einer der weltbesten Drummer – auch wenn er bis heute kaum jemandem erklären kann, was er am Schlagzeug eigentlich macht. Es passt eben trotzdem immer.

Entstanden ist ein sympathisches Buch, in dem Mick Fleetwood zu den Skandalen, seinen Alkohol- und Drogenexzessen steht, darauf aber wie jemand zurückschaut, der seinen Kindern und Enkeln jetzt endlich ein Vorbild sein möchte. Die Kokainlinie, die er bis zu seiner Läuterung weggeschnupft hatte, wurde von Journalisten auf über 20 Kilometer und einen achtstelligen Marktwert geschätzt.

Dezent und wertschätzend geht Mick Fleetwood mit seinen Ehefrauen um, mit den Auseinandersetzungen innerhalb der Band sowie mit dem externen Management, das vergleichsweise spät die Geschäftsführung der Band übernahm. Bis dahin war auch das Teil der Arbeit von Mick Fleetwood selbst. Weil er zu gutmütig war, blieb trotz der vielen Millionen verkauften Platten immer wieder zu wenig übrig. Immerhin kann Mick Fleetwood von sich behaupten, dass er von seinem Schlagzeug aus die Bühne und seine Band in allen Bereichen führte wie kaum ein anderer Drummer einer Weltband.

Es macht Spaß, in »Play On – Fleetwood Mac & Ich« ein bisschen »backstage« zu gehen, wobei ich die Geschichte, die Mick Fleetwood erzählt, sehr freundlich finde: Er führt uns wie durch ein Museum, das vor allem die schönen Dinge zeigt, so wie die Musik von Fleetwood Mac vor allem schön anzuhören ist.

Vielleicht ist das Buch damit vor allem ein weiterer Beitrag zur Legendenbildung rund um die erfolgreiche Band. Dazu gehören die beiden Holzeier, die Mick Fleetwood bis heute gerne während der Konzerte an seinem Hosengürtel baumeln lässt. Oder der Riesendildo, der lange zum Bühnenbild von Fleetwood Mac gehörte und der genügend Eltern nötigte, ihren Kindern Konzerte der Band zu verbieten.

Das klingt dann eher wie Streiche von Halbstarken, die tatsächlich extrem harte Arbeiter waren – und das nun fast ein halbes Jahrhundert lang geblieben sind. Die Welt soll eine ihrer liebsten Rockbands in guter

Erinnerung behalten. Selbst das Weiße Haus unter Bill Clinton, in dessen Garten Fleetwood Mac als Überraschungsband auftreten sollte.
Mick Fleetwood hätte die Überraschung platzen lassen müssen, wenn er durch die Menge hindurch zum Klo gestakst wäre. Und das war ziemlich dringend. Ein Beamter des Sicherheitsdienstes holte die Erlaubnis des Präsidenten: »Mr. Fleetwood steht es frei, auf den Rasen des Weißen Hauses zu pinkeln.« Ritterschlag in England geht anders, aber das ist auch eine Alternative. – KEN.

Mick Fleetwood mit Anthony Bozza
»Play On – Fleetwood Mac & Ich«
Gebundene Ausgabe: 400 Seiten; Heyne Verlag, München;
ISBN: 978-3-453200-65-4

Billy Idol
»Dancing with Myself«

»Ich bin hoffnungslos gespalten zwischen dem Guten und der Dunkelheit, dem Mönch und dem Sexbesessenen, dem Priester und dem Dichter, dem Populisten und dem Demagogen.« – Billy Idol scheint zu fürchten, dass sein ausschweifendes Leben als Musiker ihn am Ende sogar selbst überfordern könnte.

Die Autobiografie des Punk-Stars »Rebel Yell«

Der gebürtige Engländer William Michael Albert Broad (*1955) begann seine Karriere als Sänger der Band »Generation X«, die neben den »Sex Pistols« in den 1970-er Jahren die Generation ihrer Eltern schockierte. Ab 1981 versuchte er es, nun als Billy Idol, dann allein in New York. Zeitgleich begann Madonna aus dem unendlichen Meer der Sternchen aufzusteigen, und die Konkurrenz unter den Musikern war groß.
Billy Idol verwandelte den Punk auf seine Weise in Pop und wurde damit weltweit erfolgreich. Er coverte Klassiker wie »Mony Mony« von Tommy James & the Shondells aus dem Jahr 1968 mit einer Leidenschaft, die ihm niemand zugetraut hätte. Seine englischen Freunde nannten ihn seinerzeit jedenfalls William Idle – Wilhelm, den Faulen.
Wahrscheinlich war es ein Segen für die Popmusik, dass Billy Idol sein Ziel aufgegeben hatte, Schlagzeuger zu werden. Er wollte immer ganz vorne auf der Bühne sein, dort, wo er sich beliebig die willigsten Mädchen für die Party nach der Show aus dem Publikum herauspicken konnte. Von der vordersten Reihe schrieb er 40 Jahre lang Popgeschichte.
Über seine musikalische Herkunft sagt Billy Idol heute: »Das Magische am Punk – oder sein Segen – bestand darin, dass keiner wirklich wusste, was er war. Wie eine Theorie oder ein unentdecktes Land wartete er einfach darauf, dass man ihn live erforschte. Dort geschah es: diese Erweiterung der Möglichkeiten, diese Flutwelle emotionaler Politik, die über das gute alte England hereinbrach. Das war alles, was uns blieb, während das Land vor die Hunde ging. Wir mussten etwas tun. Dass wir un-

sere Zukunft verloren hatten, bedeutete, dass wir selbst eine gestalten mussten.«

Und genau das tat Billy Idol mit Studioalben ebenso wie auf der Bühne als »Punk-Rock‹n‹Roller«, wie er sich nennt. In »Dancing with Myself« beschreibt er ein Leben voller Exzesse, das allen Klischees entspricht und staunt selbst am meisten darüber, dass er all die Drogen, den Alkohol und den Sex überlebt hat. Dass ihn das auch wichtige Beziehungen gekostet hat, geht ihm erst später nahe. Altersweise gewissermaßen.

Ein böses Erwachen gibt es für Billy Idol wenige Monate nach der Geburt seines Sohnes Will, in dessen Zimmer er sich schleicht, um mit einer seiner Liebschaften zu telefonieren. Zurück am Pool empfängt seine Frau Perri ihn mit schmerzerfülltem Gesicht: »Wen hast du Schatz genannt? Wen liebst du?« – Billy Idol hatte vergessen, dass das Babyfon noch angeschaltet war.

Dumm lief es für ihn auch, als er sich bei einem Motorradunfall ein Bein so kompliziert brach, dass sein Tourneeplan vollständig zu scheitern drohte – vielleicht sogar seine Laufbahn als Sänger insgesamt. Wenn Billy Idol in Talkshows heute über seine Frauengeschichten spricht, genießt er noch immer seine Rolle als Sexidol: verrucht, unersättlich und gleichermaßen bemutterungswürdig. Erst weit jenseits der 50 und durch die Beschäftigung mit seinen Kindern erdet sich Billy Idol ein wenig.

Die Begegnung mit dem sterbenden Vater nimmt in »Dancing with Myself« einen großen Raum voller Schwermut ein. Billy Idol hat immer ganz vorne gestanden und gleichzeitig vermieden, zurückzuschauen. Das berührt ihn heute: Wenn er nicht aufpasst, tanzt er wie in einem seiner erfolgreichsten Hits am Ende nur noch mit sich selbst. – KEN.

Gebundene Ausgabe: 464 Seiten; Heyne Verlag, München;
ISBN: 978-3-453267-76-3

Mark Owen und Kevin Maurer
»Kein Held für einen Tag«

Der Mercedes-Stern und die Navy SEALs stehen beide für Höchstleistungen zu Wasser (sea), Luft (air) und auf dem Boden (land). Der Weltkonzern aus Schwaben steht für Spitzentechnologien, die Navy SEALs für den kurzen Prozess, wo immer die US-Regierung auf der Welt einen Menschen zum Abschuss freigibt.

Enthüllungen eines Elitesoldaten der Navy SEAL

»Mark Owen« ist ein Navy SEAL. Während er sich in der Ausbildung beim Bergsteigen noch ordentlich und bekennend fürchtet, stellt er nach seiner Aufnahme in die Eliteeinheit keine Fragen mehr. Die Lizenz zum Töten stellt ihn jederzeit auf die Seite der Guten. Das hat mit (mitteleuropäischer/mittelalterlicher) Ritterlichkeit und einem Rest Ehrfurcht vor dem Leben nichts zu tun. Ein SEAL ist immer im Krieg und gehorcht bedingungslos jedem Befehl seiner Vorgesetzten.

Die Navy SEALs bereiten sich wochenlang auf alle möglichen Situationen vor, um dann schnell und tödlich irgendwo auf der Welt einzugreifen. Kein Aufwand ist dafür zu hoch und keine Ausrüstung dafür zu teuer. Die SEALs sind die Besten der Besten. Sagen jedenfalls die Amerikaner.

Heute morgen stand in der Zeitung, dass fanatische Moslems wieder einmal ihren Heiligen Krieg nicht als persönliche Auseinandersetzung mit den Herausforderungen als Gläubige führen. Sie schlachten ab, wer ihnen vor die Machete rennt, überfallen Schulen und rotten ganze Landstriche mit Andersgläubigen und damit »Ungläubigen« aus. Sie haben nicht nur Waffenlieferanten auf ihrer Seite, denen kein Geschäft zu dreckig ist, sondern auch noch den »einzig wahren« Glauben. Dazwischen gibt es nichts, und Verstand schon mal gar nicht.

Und dann gibt es Leute wie Mark Owen, ein Kind der Rambo-Generation, dessen »Religion« es ist, für Vater Staat mit mörderischer Eleganz das Leben von Menschen auszulöschen, deren vorrangiger Lebenssinn wiederum darin besteht, mit anderen Menschen das Gleiche zu tun. Statt

mit dem sportlichen Ehrgeiz von »höher, schneller, weiter« handeln die SEALs nach Werten wie »präzise, maximal gut geplant und definitiv tödlich«.
Ich hatte erst überlegt, ob ich mir ein Buch wie »Kein Held für einen Tag« antun soll. Dadurch würde auch für mich vorstellbar, womit ich meinen Verstand eigentlich nicht verderben will. Aber ich bin schon ziemlich vorgeglüht von Autoren wie Tom Clancy mit seinen Waffenkatalogen in Romanform, an deren Ende immer die US-Regierung siegt. Oder Kino-No-Brainern wie »The Expandables«, die ich mir gemeinsam mit meinem Kino-Freund letztens angetan habe.
Wir haben inzwischen unsere eigene Verschwörungstheorie. Hollywood und die großen Verlage sind bewusst oder unbewusst weltweit das Instrument der US-amerikanischen Propaganda. Beide müllen mit Filmen und Büchern zu diesen Filmen unseren Verstand zu, damit das Unvorstellbare vorstellbar wird. So wird es vollständig normal, Waffen an die übelsten Schurken zu verkaufen, um diese dann mit noch besseren (und moralisch angeblich einwandfreien) Waffen auszulöschen. Wer clever genug ist, verdient an der Zerstörung ebenso wie am Wiederaufbau – und das jederzeit mit einer weißen Weste. Die Bösen sind immer die anderen.
Ich finde »Kein Held für einen Tag« auf eine erschütternde Weise lesenswert. Mark Owen kämpft als Teil eines kranken Systems gegen ein anderes krankes System von Verbrechern, die es überall auf der Welt gibt. Um sein Tun zu rechtfertigen, hat er sich darauf konditioniert, dass er sich »im Krieg« befindet. Für seine mörderischen Einsätze nimmt sich der Elitesoldat Urlaub vom normalen Leben, von »Annehmlichkeiten« wie McDonalds, U-Bahnen, die pünktlich kommen und Schulen, die es nur ab und zu wegen irgendwelcher durchgeknallter Amokläufer im waffenstrotzenden Amerika in die Schlagzeilen schaffen. Aber selbst das wäre für ihn inzwischen »normal«.
Nach Jahren als SEAL und vielen Einsätzen weltweit erinnert sich Mark Owen heute sogar an sein empathischstes Erlebnis, dass ich ziemlich erbärmlich finde: Martialisch ausgerüstet drängen er und sein Team in ein irakisches Dorf ein, mähen nieder, was ihnen vor die Flinte kommt. Ein

Einheimischer stirbt in einer Haustür mit einem Hochgeschwindigkeitsgeschoss in der Stirn, das ihm den Hinterkopf wegsprengt. Eine Katze leckt an der Blutlache, die sich um den Schädel des »Terroristen« bildet. Ein Junge schaut sich zitternd und in Todesangst die Szene an. Was sagt Navy SEAL Mark Owen dazu: »Dann zog ich einen Bonbon aus der Tasche und hielt ihn ihm hin. Der Junge wollte mir erst nicht in die Augen sehen.« Dann sagt Owen: »Hey, Kumpel. Ich tue dir nichts.«
Das hätte »Sly« Stallone nicht dümmer und zynischer sagen können. Und seine Fans hätten danach an der Konsole weitergemacht als wäre selbst dieser verwerfliche Scheiß das Normalste von der Welt.
Wenn ich anfange mit mir zu diskutieren, lande ich schnell beim Henne-und-Ei-Syndrom: Wird wirklich, was vorstellbar ist? Oder wird vorstellbar, was wirklich ist? Da »am Anfang war das Wort« noch immer gilt, glaube ich eher an das Erste und frage mich, warum solche Bücher und Filme gerade jetzt stattfinden. Wer will da eigentlich wen auf was vorbereiten? Soll ich zum Beispiel Freihandelsabkommen wie TTIP gut finden, da die USA sich inzwischen als das einzig wahre System zeigen – »moralisch« und weltmächtig zugleich?
Leider macht Hollywood die auffälligsten Filme. Man sieht kaum etwas anderes mit einem Oscar. Die Filmindustrie des Vatikan jedenfalls ist ziemlich unsichtbar – außer bei Papst Franziskus‹ »Urbi et Orbi« alle Jahre wieder auf dem Balkon des Petersdoms. Welche Bücher erscheinen wann bei uns? Warum veröffentlichen Tom Clancy und Robert Ludlum Jahre nach ihrem Tod noch immer Bücher, in denen Ereignisse beschrieben werden, von denen sie eigentlich zu ihrer Zeit nichts ahnen konnten?
Und warum wird Navy SEAL »Mark Owen« – wenn auch mit ein paar regiebedingten Durchstreichungen – gerade jetzt als Bestseller geduldet, wo die anderen Massenmörder IS, Boko Haram und ähnlich heißen? Oder Edward Snowdon, der 2014 als Träger des Alternativen Nobelpreises den SEALs als moralische Instanz das Wasser abgräbt?
»Mark Owen« ist selbstverständlich ein Pseudonym für einen der Akteure, als es Osama-bin-Laden an den Turban ging. Mit diesem, seinem zweiten Buch, steht er wieder einmal ganz vorne in den Bestsellerlisten.

Ich würde ihm nicht trauen, wenn er mir einen Bonbon reicht und sagt, er tue mir nichts. Ich traue genau so wenig irgendwelchen islamistischen Killern, die sich ebenfalls auf der Seite der Guten wähnen und mir eine Kugel verpassen würden, weil ich den Koran nicht lesen kann. Aber es scheint irgendetwas zu geben, dass die Navy SEALs und die erbittertsten unter ihren anonymen Feinden in ihrem grässlichen Krieg teilen.

Mit seinem Resümee tourt Mark Owen unter einem anderen Namen inzwischen durch die Managerszene: Ein Team löst seine Aufgaben Häppchen für Häppchen (so wie man einen Elefanten isst). Für jedes Mitglied ist das Team bedingungslos das Höchste und mindestens wichtiger als das eigene Leben. Hat sich das Team einem Ziel verschrieben, ordnet jedes Mitglied alles Weitere diesem Ziel absolut unter.

Systemisch gedacht, hat so etwas durchaus Platz auf der Wunschliste für Teams im Beruflichen wie im Privaten. SEALs funktionieren mit klaren Prioritäten, sowie IS-Meuchler mit ihrer Perspektive als Märtyrer und der Aussicht auf intakte Hymen. Auch wenn die Teamwerte hinter dem Scheinbaren wie Offensichtlichen akzeptabel sind, ist der Preis beider Parteien dafür in jeder Hinsicht verwerflich. Ich will einfach nicht gut finden, dass mir der nette Onkel Mark einen Bonbon gibt, während unsere Hauskatze das Blut aus einer Schädelwunde schleckt, die ein »Buddy« dieses netten Onkel Mark gerade eben möglicherweise meinem Vater verpasst hat. Und »Hey, Kumpel, ich tue dir nichts!« ist in der Situation einfach lächerlich.

Mark Owen wurde SEAL, weil er als Spätjugendlicher das Buch eines anderen SEAL gelesen hat. Owen trug ein T-Shirt mit aufgedruckten Symbolen der Eliteeinheit, als er seinen Inspirator traf und wurde von diesem übel abgeschmettert: Niemand außerhalb der SEALs dürfe sich erdreisten, solch ein Hemd zu tragen. Mark Owen tat daraufhin alles, sich der SEAL als »würdig« zu erweisen und schrieb schließlich selbst Bücher nach dem Motto »mein Leben als SEAL«.

Die Moral von der Geschichte wird höchst individuell ausfallen. Während für mich die Bösen weiter die Bösen bleiben werden, sind die Guten schon lange nicht mehr die nur Guten. »Kein Held für einen Tag. Ge-

heime Missionen, tödliche Einsätze, harte Niederlagen – Mein Leben als Navy SEAL« schafft hier keine Klarheit.
Ich finde es bedenklich, dass ich auch solche Bücher spannend finde und vielleicht nur deshalb über sie nachdenke, weil es Teil meiner Jobbeschreibung ist. Den Virus wahrzunehmen – so hoffe ich jedenfalls – birgt zumindest ein bisschen die Chance, dem Mythos SEAL zu widerstehen. – KEN.

Mark Owen und Kevin Maurer
»Kein Held für einen Tag«
Broschiert: 256 Seiten; Heyne Verlag, München;
ISBN: 978-3-453200-76-0

Bonusmaterial

Am siebten Tag sollen wir bekanntlich ruhen. In »Best of www.buecher-blog.net – Band 7« ruhe ich vielleicht sogar ein bisschen weniger als sonst. Denn seit Band 6 hat sich so viel getan! Dass alles immer sofort klappt, wäre dabei sicher zu viel verlangt.

Damit komme ich zu dem Bonusmaterial in diesem Buch. Eine wunderbare Begegnung Anfang des Jahres war das Gespräch mit Tina Kraus. Sie hat mich bemerkenswert sicher durch ein Rundfunkinterview zum Thema »Prüfungsangst« geführt. Auch wenn ich einmal freier Mitarbeiter des Westdeutschen Rundfunks (WDR) in Essen und Münster war, ist das schon Jahrzehnte her.

Rundfunk- und Fernsehstudios gehörten nie zu meiner Komfortzone. Auch das ist ein Grund, warum ich bis heute vor allem ein schreibender und manchmal fotografierender Journalist bin. Dank Tina Kraus ist aus unserem Gespräch für das Hochschulradio Stuttgart (HORADS 88.6) eine Geschichte geworden, die ich hier gerne wiedergebe. Bestätigt gefunden habe ich in der einen, intensiven Stunde Musik und Wort, dass Prüfung eigentlich immer ist.

Wir können täglich »bestehen«: beim Examen, beim Heiratsantrag, bei der Bewerbung um eine neue Stelle und einen Auftrag. Und genauso können wir täglich dabei durchfallen. Das Gleiche gilt für all die Autoren, die einem Verlag ein Buch oder einen Text anbieten. Möglicherweise sind sie vorher viele Jahre mit ihrem Projekt »schwanger gegangen«, wie es so schön heißt. Absagen sind dann besonders hässlich.

Und doch scheint es diese »täglichen Normalfälle« zu brauchen, damit aus der Raupe ein Schmetterling, aus dem Studenten ein Master wird. Und aus einer Idee ein Buch. Denn durchgefallen bei Prüfungen dieser Art sind wir ganz sicher, wenn wir sie gar nicht erst antreten.

Prüfungsangst: »Prüfung ist immer!«

Tina Kraus und Peter Kensok über den täglichen Normalfall

Stuttgart (KEN). Mit ein paar Anpassungen beim Lernen und Verhalten kann man seiner Prüfungsangst schon recht gut begegnen. Manchmal braucht es aber trotzdem den Blick von draußen durch einen Coach. SWR-Fernsehmoderatorin Tina Kraus interviewte Peter Kensok für das Hochschulradio Stuttgart (HORADS 88.6) und die Sendung »Im Gespräch« vom 28. Januar 2015 zum Thema Prüfungsangst.

TINA KRAUS: *Dir ist so schlecht! Panik macht sich breit, und du fragst dich: Wie zum Teufel soll ich morgen eigentlich diese Prüfung bestehen? Das kann auf keinen Fall klappen, denkst du dir. Ihr habt gute Chancen, dass die Prüfungsangst besser wird, wenn ihr dran bleibt.*
Hier im Gespräch ist Peter Kensok. Er ist Heilpraktiker für Psychotherapie und Coach in Stuttgart. Und er betreut Leute, die Angst vor Prüfungen haben. Hallo und herzlich willkommen!
PETER KENSOK: Hallo!

TINA KRAUS: *Wir sind in der Zwischenzeit schon beim »Du« angekommen, Peter. Warum spielt das auch im Coaching zu Prüfungsangst eine Rolle?*
P.K.: Bei der Ursache zur Prüfungsangst kommt es häufig vor, dass wir in den frühen Lebensjahren landen. Das Problem hat also eine lange Geschichte. Der Klient ist plötzlich »vier Jahre alt« und sollte auch »in dem Alter« begleitet werden. Das »Sie« passt nicht dazu und wäre nicht »kongruent«.

TINA KRAUS: *Wie äußert sich Prüfungsangst im Allgemeinen?*
P.K.: Sie äußert sich so, wie du es am Anfang ganz gut beschrieben hast. Ein Student, der Prüfungsangst zum ersten Mal erlebte, beschrieb seine Situation so: Du hast jahrelang studiert und kennst deinen Professor. Nennen wir ihn Dr. Jekyll. Du betrittst den Prüfungsraum und erinnerst dich, dass Dr. Jekyll immer ganz nett war. Er bittet dich, schon

mal Platz zu nehmen: »Der Beisitzer kommt gleich.« Du hast also noch ein bisschen Zeit, erinnerst dich an die angenehme Seminare bei Dr. Jekyll und schaust dich um. Dann blickst du über Dr. Jekylls Schulter durch das Fenster nach draußen, und dir fällt auf, dass sich das Licht verändert hat. Irgendetwas mit Mondschein, dämmerig, und ein Uhu schreit. Egal, ist ja Prüfung. Dann wendest du deinen Blick wieder Dr. Jekyll zu – und hast den Eindruck, dass seine Ärmel geplatzt und seine Arme behaarter sind als zuvor. Dann klopft es, der Beisitzer kommt herein und sieht aus wie Hulk auf Speed. Du schaust noch einmal zum Fenster raus und denkst: »Ein Prüfungstermin gegen Mittag wäre eigentlich besser.« Danach weißt du nix mehr und bist nur noch in Panik.

TINA KRAUS: *Prüfungsangst verändert also irgendwie die Wahrnehmung?*
P.K.: Ja, Prüfungsängstliche vertrauen der Person nicht mehr, die ihnen über die nächste Schwelle helfen soll. Sie erscheint uns als »Feind« und löst eine Panik aus, die dann auch archaische Programme aktiviert. Das kann auf die Verdauung schlagen; die Hände und die Füße werden kalt; der Puls geht schneller, weil das Blut zur Körpermitte fließt. Wir atmen kürzer – und ganz wichtig: die linke Gehirnhälfte schaltet komplett ab. wir haben damit keinen Zugang mehr zu Sprache und Logik. Und die sind in einer Prüfung gefragt.

TINA KRAUS: *Wie erleben Prüflinge ihre Angst, wenn die schon Tage oder Wochen vorher und chronisch auftritt?*
P.K.: Das sind ähnliche Symptome, nur dass der Betroffene sie länger ertragen muss. Er denkt vielleicht, er sei eigentlich krank und müsse mit Medikamenten etwas dagegen tun. Das wäre nach meinem Modell nicht die optimale Lösung. Prüfungsängstliche sind in der Regel »Profis« ihrer Angst und erleben sie nicht zum ersten Mal. Sie mussten als Kind in der Kirche ein Gedicht aufsagen, was »schrecklich peinlich« war. Sie haben den Führerschein und das Abitur gemacht und. Und diese Erfahrungen begleiten sie bis in die Gegenwart.

TINA KRAUS: *Gibt es eine Grenze zwischen natürlicher Nervosität und wirklicher Prüfungsangst? Ab wann sollte jemand etwas dagegen tun?*
P.K: Ab wann jemand die Prüfung als unerträglich erlebt und den Sprung auf die nächste Ebene verweigert, ist höchst individuell. Nervosität – oder Lampenfieber – kann durchaus die Aufmerksamkeit steigern und gut für uns sein. Anders ist es, wenn wir sie verallgemeinern. Sollten wir das tun, ist ein Bild aus dem Tierreich eine Hilfe:
Die Raupe erinnert sich vielleicht noch daran, dass sie als Made aus einem Ei geschlüpft ist. Jetzt wird ihr die Haut zu eng, sie weiß, dass das nächste Stadium der Verwandlung fällig ist, und sie wird sich verpuppen. Das ist ein Zustand der Hilflosigkeit und ein bedrohliches Zwischenstadium. Zurück zur Raupe geht es nicht, aber sie hat auch noch keine Erfahrung mit dem Leben nach der Verpuppung. Wenn nicht irgendwelche lästigen Spinnen Löcher in den Kokon bohren und sie aussaugen, wird aus der Raupe möglicherweise ein wunderschöner Schmetterling werden. Oder ein hässlicher Nachtfalter – je nach dem.
Auch ein Student in der Prüfungsphase »verpuppt« sich. Für ihn gibt es ebenfalls keinen Weg zurück. Die Puppe ist jedoch notwendig für die nächste Verwandlung. An dieses Modell lassen sich viele Lösung für die Prüfungsangst knüpfen.

TINA KRAUS: *Haben wir Prüfungsangst, weil wir frühere Erfahrungen nicht bearbeitet haben?*
P.K.: Prüfungsangst kann durchaus eine ganz persönliche »Tradition« sein. Frühere Prüfungserfahrungen spielen häufig eine Rolle, sie sind aber nur eines der vielen Motive für Prüfungsangst. Das Abitur beispielsweise ist eine Erfahrung aus der Vergangenheit. Aber es gibt auch »Erfahrungen«, die in die Zukunft weisen. Was passiert also mit mir, wenn ich die Prüfung geschafft habe?
Die Raupe wusste immerhin noch, wie Blätter schmecken, aber der Schmetterling braucht andere Überlebensstrategien. Vergleichbar weiß der Student, wie er BAföG bekommt, automatisch versichert ist und wie die Mensa funktioniert. Nach der erfolgreichen Prüfung muss er möglicherweise das Zimmer im Wohnheim seiner Studentenverbindung ver-

lassen und zu seinen »spießigen« Eltern zurück. Vielleicht hat er gerade eine Freundin gefunden, die dann eine Tagesreise mit der Bahn entfernt wohnen wird ... Es gibt 1000 Gründe, in der Prüfung zu blockieren und es dann »Prüfungsangst« zu nennen, damit die diffusen Gefühle überhaupt einen Namen haben.

TINA KRAUS: *Was sind häufige Motive, die spontan Prüfungsangst auslösen?*
P.K.: Die Dr. Jekyll-Geschichte passt ganz gut dazu. Möglicherweise übertragen wir eine frühere Prüfungserfahrung mit dem Deutschlehrer auf den Professor, der uns morgen prüfen wird. Das Prinzip ist immer gleich: Vor uns sitzt jemand, der entscheidet, ob ich diese Situation »überleben« werde oder nicht. Welche Motive in dieser Situation helfen oder aber Prüfungsangst bis hin zur Erstarrung auslösen, ist bei jedem anders.

TINA KRAUS: *Was können Studenten und andere Leute sofort gegen Prüfungsangst tun?*
P.K.: Wer sich etwas Gutes tun möchte, sollte nicht nur im Kämmerchen sitzen, Bücher wälzen und zwischendurch Daumenkino auf dem Handy spielen. Wichtig ist, in einen radikal anderen Modus zu wechseln. Statt also nur zu lernen, was eher visuell, auditiv und schwerpunktmäßig linkshirnig erfolgt, sollten wir uns auch emotional und körperlich gut versorgen. Das Gehirn schaltet auf »Panik«, wenn wir in der Bewegungslosigkeit verharren. Wir verlieren jeweils zehn Prozent unserer intellektuellen Ressourcen, wenn wir zu wenig Sauerstoff bekommen und zu wenig trinken. Bewegungen, die über die Körpermitte führen, wie Spazierengehen und Joggen aktivieren beide Gehirnhälften.
Als nächstes hilft sicher eine Analyse der Prüfungssituation. Wer prüft mich wann, unter welchen Bedingungen und warum? Bin ich eine Minute vor der Prüfung wirklich schlauer als eine Minute danach? Macht die eine Stunde heute mehr zu lernen wirklich den entscheidenden Unterschied aus?
Solche Fragen sollten vor der Prüfung beantwortet sein, damit wir uns wirklich auf die Inhalte konzentrieren können. Den Modus zu wechseln

und dabei den eigenen Körper als kraftvoll und berechtigt zu spüren, stärkt dabei das Selbstbewusstsein in der Prüfung. Ein freier Körper bewirkt auch einen freien Kopf.

TINA KRAUS: *Hilft auch ein nettes Gespräch mit der Freundin oder ins Kino zu gehen?*
P.K.: Auch das wäre ein anderer Modus, also eine Möglichkeit umzuschalten, während unser Gehirn damit beschäftigt ist, das Gelernte synaptisch zu verknüpfen. Wir brauchen den Rhythmus zwischen abwechselnden Lern- und Entspannungsphasen.

TINA KRAUS: *Was hältst du in dem Zusammenhang von bewusstem Atmen, um der Angst zu begegnen?*
P.K.: In der Prüfung selbst ist unsere Aufmerksamkeit ganz woanders und dort vermutlich auch besser verortet. Am besten ist es, möglichst bald ins Gespräch zu kommen. Angst ist eine Strategie des limbischen Systems und der rechten Gehirnhälfte, Sprechen, Singen und Lachen gehören eher zur linken. Beides zusammen hebt die Angst auf. Schon unsere Großeltern haben gesagt: »Wenn du in den Keller gehst, dann singe ein Lied!«

TINA KRAUS: *Unser Thema betrifft auch die Studenten der Hochschule der Medien, die ab morgen ihre Prüfungen haben. Was können sie so kurzfristig gegen Prüfungsangst tun?*
P.K.: Wir reden hier hoffentlich über Studenten, die ihre Lernmöglichkeiten genutzt und sich wirklich mit ihren Themen beschäftigt haben. Wer die letzten fünf Jahre gesurft hat und sich jetzt zur Prüfung anmeldet, für den finde ich ein gewisses Maß an Prüfungsangst durchaus in Ordnung. Den anderen hilft, sich mit der Prüfungssituation zu beschäftigen. Mit wem wirst du es zu tun haben? Hat der Professor auf der anderen Seite des Tischs früher selbst Prüfungsangst gehabt und sogar Verständnis dafür, dass es dir genau so geht? Wir gehen entspannter in eine Prüfung, wenn wir unser Gegenüber auch zu diesem Thema gut einschätzen können. Insgesamt sollten wir nicht vergessen, dass wir es

mit Menschen zu tun haben, die respektiert werden wollen und keine Monster sind. Wir müssen also nicht hinter jedem Dr. Jekyll gleich auch einen Mr. Hyde vermuten.

TINA KRAUS: *Was hältst du von Wachmachern wie Kaffee, Red Bull und anderen Getränken? Welche Tipps gibt es für die Ernährung rund um die Prüfung?*
P.K.: Ich halte von Energiedrinks relativ wenig, da wir vor allem Wasser brauchen, damit unser Organismus uns in Belastungssituationen unterstützt. Die Energie sollte zum Kopf, aber nicht »zu Kopfe« gehen. Wer den Grillabend vor der Prüfung bis zum Exzess ausnutzt, hat es danach schwer, auch im Magen. Etwas Leichtes hält uns da beweglicher – und das auch im Kopf. Lieber also zum Apfel greifen oder einen Salat essen. Die schenken uns ebenfalls Energie, sind aber leichter verdaulich.

TINA KRAUS: *Manche deiner Klienten haben sich vorher von Ärzten auch Medikamente verschreiben lassen ...*
P.K.: Leider sind Betablocker in manchen Berufen so etwas wie der Standard. Wir sollten uns jedoch bewusst sein, dass Prüfung keine Ausnahme, sondern die tägliche Regel ist. Wir müssen jeden Tag immer wieder irgendwie »bestehen«, das sollte auch ohne Dauermedikation möglich sein und keine Abhängigkeiten schaffen.

TINA KRAUS: *Was genau machst du als Coach, wenn jemand mit dem Thema Prüfungsangst zu dir kommt?*
P.K.: Zunächst finde ich es gut, wenn jemand mit Prüfungsangst freiwillig zu mir kommt und ich ihn nicht die Treppe zu meiner Praxis herauftragen muss. Er hat damit also eine gewisse Einsicht, dass er Hilfe braucht und muss von seinem Thema nicht erst überzeugt werden.
In einem Coaching-Gespräch werden wir zunächst das Symptom klären. Worum geht es bei dieser Prüfungsangst genau? Woran meint der Klient zu erkennen, dass sein Zustand eine Prüfungsangst ist? Danach frage ich nach den möglichen Ursachen. Welche Geschichte vermutet jemand hinter der Prüfungsangst? Wie und wo genau hat er sie gewissermaßen »gelernt«? Ich möchte wissen, was sein Ziel für das Coaching

und wie er bisher mit Prüfungen zurecht gekommen ist. Schließlich hat er schon andere Prüfungen bestanden, die sich als Erfahrung »anzapfen« lassen. Und ich möchte wissen, ob er Nachteiliges für die Zukunft befürchtet, die eine vergeigte Prüfung zum tatsächlich kleineren Übel machen. Fürchtet ein Jurastudent also zum Beispiel, nach dem Examen ein genau so übler »Kotzbrocken« werden zu müssen wie sein Vater und seine Mutter, für die er sich als Kind immer geschämt hat?
Danach reden wir über neurophysiologische Dinge, die bei Prüfungen immer passieren. Das hat etwas mit unseren archaischen Programmen Angriff, Flucht und Erstarrung zu tun, und es hilft, die körperlichen Auswirkungen dazu einordnen zu können.
Die Antworten und Reaktionen auf all das geben mir Hinweise darauf, wie wir anschließend weiterarbeiten werden. Ich nutze dann zum Beispiel Verfahren aus der Traumatherapie oder übertrage Ressourcen. Vielleicht hat jemand als Kind im Stabhochsprung eine großartige Erfahrung gemacht. Wie wäre es, wenn er diese Ressource auch in der Prüfung zur Verfügung hat und »sich selbst überbietet«?
Oder wir müssen tatsächlich die Angst für die Zeit nach der Prüfung bearbeiten. Ist der Studienort für den Studenten nach der Prüfung noch haltbar? Steht er als durchgefallener Student wirtschaftlich immerhin (noch) besser da als mit einem Einserschnitt, aber ohne Job? Es gibt viele Gründe, warum auch eine bestandene Prüfung nachteilig sein kann.

TINA KRAUS: *Sind uns diese Gründe bewusst?*
P.K.: Ängste sind Gefühle, die auf Ereignisse in der Zukunft verweisen, die Ursachen sind in der Regel unbewusst und in der Vergangenheit angelegt. Die Kunst in einem Coaching ist, dass wir an diese unbewussten Themen herankommen und sie im besten Fall auflösen. Aber wichtig ist auch, dass wir sie verstehen.
So sind Angriff und Flucht Verhaltensweisen, die in den letzten Millionen Jahren unser Überleben sicherten. Allerdings sind sie in Prüfungssituationen nicht besonders hilfreich. Auch die Erstarrung, von der viele Prüflinge sprechen, ist keine wirkliche Alternative. Aber alle drei Prinzipien wirken bis heute. Flucht zum Beispiel war sinnvoll, als ein hungriger Di-

nosaurier auf uns zu polterte. Und sie ist es immer noch, wenn ein Mack Truck ungebremst auf uns zurast.
Was Studenten als ihre ganz persönliche Prüfungsangst erleben, verdient diesen Namen nicht immer. Manchmal steckt Scham dahinter oder die Wut auf die Eltern, die einen aus Statusgründen oder wegen der Familientradition in das Studium hineingezwungen haben – und die am Ende Recht behalten könnten, falls wir die Prüfung schaffen. Wir nennen unser Thema aber Prüfungsangst, weil wenigstens das »gesellschaftsfähig« ist. Bei den wahren Gründen könnten die Leute »komisch gucken«.

TINA KRAUS: *Wie schnell kann jemand seine Prüfungsangst verlieren, wenn er zu dir kommt?*
P.K.: Prüfungsangst ist ein sehr individuelles Phänomen. Es wäre somit unfair, ein Heilungsversprechen über soundso viele Stunden zu machen. Erst recht, wenn jemand heute mit seiner Prüfungsangst kommt und morgen in die Prüfung muss. Wir kommen innerhalb von zwei Stunden am Stück in der Regel ziemlich weit. Wenn es dann trotzdem länger dauert, dann braucht es das auch.

TINA KRAUS: *Peter, jetzt acht Ja-oder-Nein-Fragen an dich: Hattest du selbst schon einmal Prüfungsangst?*
P.K.: Ja.

TINA KRAUS: *Kennst du jemanden, der aus Prüfungsangst ohnmächtig geworden ist?*
P.K.: Nein.

TINA KRAUS: *Hattest du als Coach schon einen Härtefall von Prüfungsangst, bei dem du nicht helfen konntest?*
P.K.: Ja.

TINA KRAUS: *Gibt es einen tieferen Beweggrund dafür, dass du diesen Job ausübst?*
P.K.: Ja.

TINA KRAUS: *Haben über 20 Prozent der Studenten in Deutschland Prüfungsangst?*
P.K.: Ja.

TINA KRAUS: *Ist es mit der Prüfungsangst in Deutschland schlimmer als in anderen Ländern?*
P.K.: Nein.

TINA KRAUS: *Nimmst du als Experte für Prüfungsangst etwas aus dieser Sendung mit?*
P.K.: Ja.

TINA KRAUS: *Damit habe ich heute viele »Jas« geschafft. Was genau nimmst du als Experte heute mit?*
P.K.: Ich nehme mit, dass Prüfung eben nicht nur beim Examen stattfindet. »Prüfung« kann zum Beispiel sein, dass wir überraschenderweise in ein Radiostudio eingeladen werden und dort bestehen müssen. Wir könnten jemandem einen Heiratsantrag machen wollen und abgelehnt werden. Wir bewerben uns um einen Job oder einen Auftrag und werden zurückgewiesen. Prüfung ist der tägliche Normalfall und wir sollten uns unseren Blockaden nicht nur wegen der Prüfung zum Abschluss des Studiums stellen.

TINA KRAUS: *Bei welchem Härtefall konntest du nicht helfen?*
P.K.: Dabei ging es um eine junge Frau, die sehr kurzfristig wegen Prüfungsangst zu mir kam. Eigentlich hatten wir dieses Thema ganz gut bearbeitet. Sie trat trotzdem nicht zur Prüfung an, weil ein anderes Thema stärker war: Sie hatte extreme Missbrauchserlebnisse, die in dieser Phase ihres Lebens »hochkochten«.
Statt die Prüfung anzutreten, entschied sie sich für einen stationären Aufenthalt in einer Klinik. Ich fand ihre Entscheidung ehrlich, mutig und habe sie darin unterstützt.

TINA KRAUS: *Was ist der tiefere Beweggrund dafür, dass du diesen Job ausübst?*
P.K.: Ich arbeite bis heute auch als Journalist und finde, das passt gut zu dem, was ich im Coaching mache. Gemeinsam mit meinen Klienten recherchiere ich in deren Leben, und wir finden Dinge heraus, mit denen weder sie noch ich rechnen. Und wenn wir daraus die passenden Schlüsse ziehen und funktionierende Lösungen entwickeln, ist das auch für mich ein schönes Erlebnis.

TINA KRAUS: *Du hast gesagt, dass du selbst Prüfungsangst gehabt hattest. Wie bist du mit der Situation umgegangen?*
P.K.: Ich war damals noch Student der Völkerkunde und in der Magister-Prüfung. Eines meiner Studienthemen waren die Übergangsriten in anderen Kulturen. In dem Zusammenhang kam ich auf die Kurzformel, dass ich eine Minute vor der Prüfung nicht schlauer sein würde als eben eine Minute danach. Ich würde lediglich ermächtigt sein, endlich das zu tun, worauf ich mich schon viele Jahre vorbereitet hatte. Als mir das bewusst wurde, bin ich sehr entspannt in die Prüfung gegangen und hatte wirklich tolle Gespräche mit meinen Professoren.

TINA KRAUS: Ich danke dir für das Gespräch und wünsche unseren Zuhörern alles Gute für ihre nächsten Prüfungen.

Peter Kensok ist wingwave-Coach und hat über 50 Coaches in dieser Methode ausgebildet. Sollten Sie von Flugangst, Prüfungsangst, Blockaden bei Auftritten und anderem betroffen sein, nehmen Sie gerne Kontakt auf. Per E-Mail an info@kensok.de oder unter Telefon 0711 / 24 39 43.

Christoph Krüger und Peter Kensok
»Das neue Verhandeln«

Die meisten Empfehlungen für erfolgreiches Verhandeln zielen darauf ab, um (fast) jeden Preis zu siegen und den Verhandlungspartner in die Knie zu zwingen. Verhandlungen wecken in uns Ur-Instinkte, Emotionen sind unsere eigentlichen Verhandlungsführer. Sieg oder Niederlage – dazwischen gibt es nichts. Ein Grund, aus dem wir für den kurzfristigen Erfolg die Chance auf eine – für beide Seiten – tragfähige Lösung zerstören, bevor sie überhaupt entstehen kann.

Regelmäßig scheitern Verhandlungen an unbewussten Verhaltensmustern und nicht an den tatsächlichen Rahmenbedingungen. Erfolgreich Verhandelnde wissen um diese evolutionären Programme. Sie nutzen diese geschickt für ihre Zwecke, ohne sich von diesen emotional geleiteten Programmen steuern zu lassen.

Christoph Krüger und Peter Kensok haben die Erfahrungen aus unzähligen (internationalen) Verhandlungen und Erkenntnisse aus der Verhaltens-psychologie in dieses Buch einfließen lassen. Klar strukturiert und mit vielen Beispielen zeigen die Autoren, wie Sie das traditionelle Schlachtfeld der Verhandlung verlassen, wie Sie entspannter und erfolgreicher verhandeln und tragfähige Lösungen entwickeln. Ganz nach der Moshe-Feldenkrais-Regel »Wenn du weißt, was du tust, kannst du tun, was du willst« entwickeln Sie Ihren ganz persönlichen, optimalen Verhandlungsmodus, der Effizienz und Effektivität auf eine verblüffend einfache Weise verbindet.

Broschiert: 232 Seiten; BusinessVillage, Göttingen;
ISBN: 978-8-69801-72-8

Peter Kensok, Katja Dyckhoff

»Der Wertemanager«

Die Werte-, Rollen- und Metaprogramm-Analyse für Menschen in Entscheidungssituationen – Wer ein effektives und schnelles Wertemanagement im Coaching, in der Beratung und im Selbstmanagement will, für den ist »Der Werte-Manager« eine Pflichtlektüre. Mit diesem idealen Handwerkszeug finden Sie innerhalb kürzester Zeit heraus, wie Sie Ihre Werte in Ihren unterschiedlichen Rollen verwirklichen. Gleichzeitig haben Sie mit Hilfe der einbezogenen Metaprogramme ein Mittel für die präzise Diagnose von Stärken, Schwächen und Handlungsmöglichkeiten.

»Edelsteine werden erst durch ihre gute (Ver)fassung zum wertvollen Schmuck. Diese Leistung ist den Autoren mit dem Werte-Thema voll und ganz gelungen.« — Cora Besser-Siegmund & Harry Siegmund

»Peter Kensok und Katja Dyckhoff haben mit dem Werte-Manager eine Vorgehensweise entwickelt, die Bestandsaufnahme, Selbstentdeckung und Selbstentwurf zu einer ökologischen Ganzheit verbindet. Eine Coaching-Methode, der ich wünsche, dass sie die Rezeption findet, die sie verdient.« — Klaus Grochowiak

Taschenbuch: 198 Seiten; Junfermann Verlag, Paderborn;
ISBN: 978-3-873875-95-1

Peter Kensok
»Der Werte-Manager – das Arbeitsbuch«

Wertemanagement muss einfach, praktisch und lösungsorientiert sein, wenn es einem selbst, einem Angehörigen, Mitarbeiter, Klienten oder dem eigenen Unternehmen wirklich dienen soll. Peter Kensok, Co-Autor von »Der Werte-Manager« (2004), entwickelte ein Verfahren, mit dem jeder seinen Standort schnell und einfach bestimmen kann.

Das Arbeitsbuch zum Werte-Manager ist eine neue Anleitung für Werte-Manager mit Analysen und Deutungen von Werten und Rollen einzelner Personen und eines Teams und für Laien wie für professionelle Trainer und Coachs gleichermaßen nützlich.
»Sie und Ihr Team sollten sich mehr wert sein, als aus einer vorgegebenen Liste Begriffe anzukreuzen, die Sie dann Ihre Werte nennen«, sagt Peter Kensok, »denn Ihre Werte sind in ihrer Kombination so individuell wie Ihr Fingerabdruck.«

Broschiert: 130 Seiten; Südwestbuch Verlag, Stuttgart;
ISBN: 978-3-942661-39-3

Peter Kensok
»Der Werte-Manager – das Arbeitsbuch« auf Russisch

Im Februar 2014 erschien das Arbeitsbuch zum Wertemanagement auf Russisch! Inzwischen wurden sogar die ersten Trainer für das Thema Wertemanagement in Russland zertifziert.

Die Einführung ist ein interkulturelles Projekt.
Und die Übersetzung des Originaltitels lautet: »Die Kunst, die Kraft der Werte freizusetzen«.

Hardcover: 130 Seiten; Werner Regen Verlag, St. Petersburg und Gera;
ISBN: 978-3-944096-05-6

Dr. med. Eberhard Jörg und Peter Kensok

»Das Myoreflexkonzept – Schmerzfrei mit aktiven Muskeln«

Operationen am Skelett-, Muskel-, oder Sehnenapparat sind selten eine dauerhafte Lösung bei Schmerzen. Auch der spektakuläre Austausch von Hüft-, Knie und Schultergelenken ändert schädliche Bewegungs- und Haltungsgewohnheiten nicht. Die Myoreflextherapie setzt dort an, wo die meisten Beschwerden ihre Ursachen haben: am Muskel. Dieses innovative Konzept berücksichtigt entwicklungsgeschichtliche, psychologische und physiologische Faktoren ebenso wie die Ernährung, die Energie- und die Organlehre der Traditionellen Chinesischen Medizin (TCM). Damit trägt sie über die Grenzen der westlichen Schulmedizin hinaus zur Gesundheit bei.

»Schmerzfrei mit aktiven Muskeln« bedeutet: Muskeln, die sich in einem ebenso harmonischen wie dynamischen Gleichgewicht befinden! Für eine schmerzfreie Gesundheit muss man kein Leistungssportler sein. Ärzten, Patienten und allen, die ihrer Gesundheit mit Respekt begegnen, vermittelt das Myoreflexkonzept die Grundlagen für die schmerzfreie Lebensfreude durch Bewegung.

Broschiert: 155 Seiten; Systemed Verlag, Lünen;
ISBN: 978-3-942772-49-5

Petra Schächtele-Philipp und Peter Kensok

»Einfach Schlagfertig –

Petra Schächtele-Philipp und Peter Kensok zeigen Ihnen in diesem Buch ausgewählte Methoden für schlagfertige Antworten. Denn ein Grundrepertoire an Schlagfertigkeitstechniken kann sich jeder aneignen.

Bücher über Schlagfertigkeit gibt es viele – ultimative Tipps noch viel mehr. Trotzdem kontern wir spätestens bei der nächsten Verbalattacke mit betroffenem Schweigen. Meist fällt uns die passende Antwort gar nicht ein - oder wieder einmal zu spät. Wir trauen uns einfach nicht, sind zurückhaltend und stecken deshalb lieber ein, statt uns zu wehren. Vergeuden Sie keine Zeit mit ausgefeilter Verbalakrobatik, sondern wenden Sie an, was schnell und wirklich funktioniert: Verblüffen Sie beim nächsten Mal Ihr Gegenüber mit Humor und respektvoller Aggression.

Broschiert: 232 Seiten; Verlag BusinessVillage, Göttingen;
ISBN: 978-3-869802-90-9

Peter Kensok
»Best of www.buecher-blog.net – Band 1«

In Deutschland werden jedes Jahr gut eine Milliarde Bücher hergestellt. Auf bis zu 450.000 werden die lieferbaren Titel geschätzt. Jedes Jahr erscheinen allein in Deutschland gut 100.000 neue Bücher, meistens noch auf Papier, immer mehr jedoch zusätzlich in elektronischer Form.

Sich in diesem Bücher-Dschungel noch zurechtzufinden, ist ziemlich schwierig. www.buecher-blog.net ist eines der Portale im Internet, in dem – deshalb und durchaus subjektiv – über Bücher berichtet wird.

Taschenbuch: 150 Seiten; Südwestbuch Verlag, Stuttgart;
ISBN: 978-3-942661-46-1

Peter Kensok
»Best of www.buecher-blog.net – Band 2«

Der zweite »Best of«-Band erschien im Dezember 2012. Wieder reich und unterhaltsam gefüllt mit Tipps zu Neuerscheinungen und einigen wenigen Büchern, die immer neu bleiben werden.

Nicht jeder mag (nur) am Bildschirm lesen. Bücher in die Hand zu nehmen, ist noch immer ein Stück Lebensqualität. Und »Best of www.buecher-blog.net« trägt auf seine Weise dazu bei.

Taschenbuch: 181 Seiten; Südwestbuch Verlag, Stuttgart;
ISBN: 978-3-942661-38-6

Peter Kensok
»Best of www.buecher-blog.net – Band 3«

Bei der Auswahl der Bücher in diesem Band haben Leser der Portale Globalscout und buecher-blog.net wieder mitgeholfen. Lassen Sie sich unterhalten, informieren und inspirieren! Das geht natürlich auch über die namengebenden Portale.

Aber Bücher sind eben Bücher, und in den »Best of www.buecher-blog.net« haben auch »Evergreens« eine Chance. So wie Jim Thompson, der Stephen King der 1950er Jahre. Höchst aktuell dagegen ist Jane McGonigal mit ihrem Plädoyer für das Lernen von Computerspielen. Die Zeiten ändern sich. Lesen wird bleiben.

Taschenbuch: 160 Seiten; Südwestbuch Verlag, Stuttgart;
ISBN: 978-3-942661-27-0

Peter Kensok
»Best of www.buecher-blog.net – Band 4«

»Best of www.buecher-blog.net« – der vierte Band. Dahinter steckt eine Menge Leidenschaft und Arbeit. Gerade die Arbeit taucht als leitendes Thema in den Besprechungen immer wieder auf. Ist sie ein Grundrecht, ein Grundbedürfnis? Wie macht sie aus anfangs mitarbeiterorientierten Führungskräften Soziopathen? Hat »das System« Schuld an Burnout und schlimmerem Phänomenen? Und wie kommt beispielsweise jemand mit den Alternativen zum bisherigen Arbeitsleben zurecht?

Besuchen Sie gerne die Portale **Globalscout** und **buecher-blog.net**! Reisen bringt Sie weiter, und Lesen ist ein bisschen Kurzurlaub zwischendurch.

Taschenbuch: 160 Seiten; Südwestbuch Verlag, Stuttgart;
ISBN: 978-3-944264-38-7

Peter Kensok
»Best of www.buecher-blog.net – Band 5«

Genuss ist sinnlich und dadurch – je nach Autor, Verlag und Aufwand des Herstellers – höchst individuell. Layout, Gewicht und Papierqualitäten spielen eine Rolle. Also lesen Sie nach den Informationen auf www.buecher-blog.net am besten ein richtiges Buch auf richtigem Papier, selbst wenn dafür irgendwo ein Baum gefällt werden musste.

Bücher fühlen sich eben an – so wie »Best of www.buecher-blog.net – Band 5«. Sie sind Seite für Seite ein Genuss. Ihr Gehirn sagt Danke. Viel Spaß bei Ihrer sinnlichen Erfahrung mit diesem großartigen Medium und den Autoren, die Sie auch in diesem Band wieder kennen lernen werden!

Taschenbuch: 150 Seiten; Südwestbuch Verlag, Stuttgart;
ISBN: 978-3-944264-64-6

Peter Kensok
»Best of www.buecher-blog.net – Band 6«

Bei der Zusammenstellung der Bücher für die »Best of www.buecher-blog.net«-Reihe entwickeln sich die Titel wie von selbst um einen thematischen Kern herum. Dieses Mal erfahren wir gerade in den Spannungs-Büchern viel über andere Länder. Gerade durch den Spiegel des (scheinbar) Fremden werden uns auch unsere eigenen Baustellen bewusst. Nicht alles würde uns bewusst ohne Autoren, die den Mut haben, über Angenehmes und Unangenehmes zu schreiben.

Taschenbuch: 180 Seiten; Südwestbuch Verlag, Stuttgart;
ISBN: 978-3-944264-84-4

Patenschaften

www.buecher-blog.net ist aus der Leidenschaft fürs Lesen heraus entstanden. Lesen ist für mich ein unabhängiges Bedürfnis. Unabhängig deshalb, weil es bei den Tausenden von Büchern, die jedes Jahr neu erscheinen, ein Glücksfall ist, wenn jemand zufällig gerade das gleiche Buch gelesen hat und ich mit ihm darüber reden könnte. Meine Frau gehört manchmal dazu, wenn sie einen Band von meinem Nachttisch stibitzt und endlich wissen will, worüber ich mich gerade so herzlich amüsiere. Und dabei geht es nicht nur um »Harry Potter« oder etwas von Tolkien.

Schreiben ist seit fast 30 Jahren mein Hauptberuf. Es lag also nahe, die eigenen Eindrücke zusammenzufassen und sie auf eine moderne Weise mit dem Rest der deutschsprachigen Welt zu teilen. Ich freue mich jeden Tag über die Besucher der Homepage und die ermutigenden Rückmeldungen.

Das Portal wie auch das vorliegende Buch sind redaktionell unabhängige Projekte. Weder die Verlage noch die Autoren haben Einfluss darauf, welche Bücher auf www.buecher-blog.net besprochen werden oder welche in den »Best of«-Bänden erscheinen. Das bleibt allein der Redaktion vorbehalten.

Trotzdem gibt es die Möglichkeit, buecher-blog.net und die »Best of« zu unterstützen. Zum Beispiel, indem Sie dieses Buch mehr als nur einmal kaufen. Sie können es zum Beispiel verschenken oder es als Geschenkimpuls nutzen: »Du darfst dir aussuchen, welche Bücher daraus du lesen möchtest. Dafür gilt dann der Gutschein ...« – So lösen die »Best of« vielleicht das eine oder andere Problem, wenn wieder einmal vollkommen unerwartet Muttertag oder Weihnachten ist.

Gut finde ich auch die Idee eines Kollegen, der seinen Klienten »Best of www.buecher-blog.net« mit einer Leseempfehlung überreicht. Er legt dann ein Kärtchen zum entsprechenden Artikel oder setzt seinen Firmenstempel mit einem freundlichen Gruß unter die entsprechende Seite. Platz für solche Notizen ist genug vorhanden. Vielleicht machen auch Sie auf diese Weise jemandem mit einem Impuls aus dem Ratgeberkapitel eine Freude oder helfen ihm, im Reiseteil für den nächsten Urlaub vorzuglühen. Mit Vorsicht zu genießen wären dagegen Empfehlungen aus dem Kapitel Spannung. Damit es keine Missverständnisse gibt: Die Thriller sollen Unterhaltung bleiben und nicht zum Nachmachen anregen! Die Bösen werden ohnehin meistens erwischt.

Wer außer Lesen und Verschenken noch mehr für buecher-blog.net tun möchte, kann Patenschaften* übernehmen, beispielsweise für eine beliebige Anzahl Redaktionsstunden. Abgesehen vom Lesen dauert die redaktionelle Aufbereitung jedes Buchs zwischen zwei und vier Stunden. Wenn Sie als Privatperson oder Firma dies finanziell unterstützen möchten, wenden Sie sich unter dem Betreff »Patenschaften« per Email gerne direkt an die redaktion@buecher-blog.net.

Outen Sie sich als Leser! Ich tue das auch.

Peter Kensok

* Auch Paten haben keinen Einfluss auf die Auswahl der besprochenen Bücher und die Inhalte der Beiträge. Ein Rechtsanspruch auf Patenschaften besteht nicht. Paten werden auf Wunsch im jeweils aktuellen Band genannt.

Paten dieser Ausgabe:

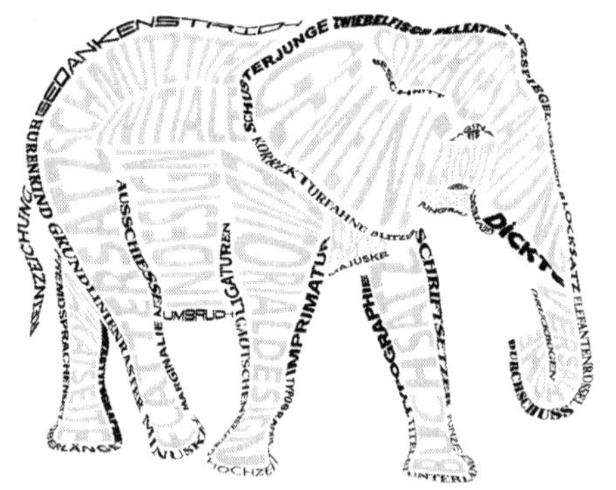
SCHUSTERJUNGE
INITIALE
AUSSCHIESSEN
UMBRUCH
LIGATUREN
IMPRIMATUR
SCHRIFTSETZER
TYPOGRAPHIE
DICKTE
BUCHSCHUSS